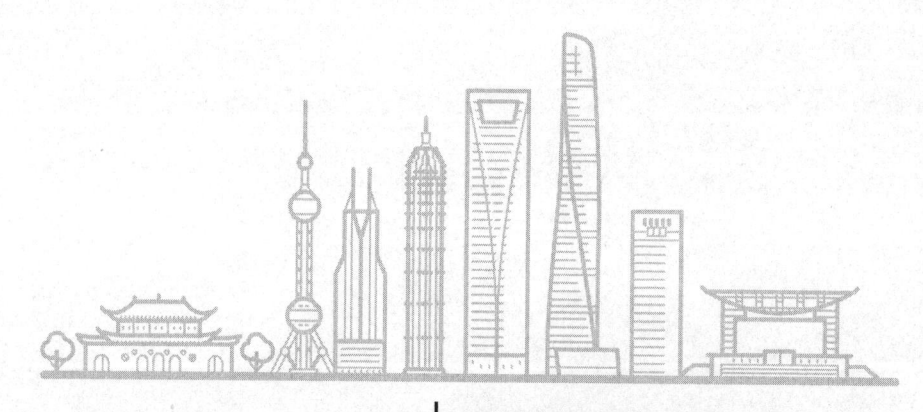

Shanghai Urban Image Innovation and
External Image Communication
from the Perspective of Soft Power

软实力视角下上海
城市影像创新与对外形象传播

序言

唐俊先生早在2002年就开始在上海广播电视台从业，具有丰富的广电业务工作经历与经验。他在出色完成紧张、繁忙的新闻传播实践工作之余，还十分注重自身的理论学习，积极投身学术研究工作，发表了不少有价值的广播电视学术研究论著。期间，他还攻读博士学位并顺利完成。2019年，曾在复旦大学获得硕士、博士学位的唐俊先生重回母校，转而在复旦大学新闻学院这块培养未来新闻传播人的新园地上辛勤耕耘。更可喜的是，他专职从事广播电视教学与研究工作后，在短短的几年内表现出了很强的学术创造力，产出了不少优质学术成果，这本即将付梓的专著《软实力视角下上海城市影像创新与对外形象传播》即是其中之一。唐俊先生嘱我为之作序，欣然允之。

这本专著的学术价值，首先表现在该选题具有强烈的现实意义。2024年7月18日，党的二十届三中全会审议通过《中共中央关于进一步全面深化改革、推进中国式现代化的决定》，"建设社会主义文化强国"成为进一步全面深化改革的"七个聚焦"之一。在上海，紧扣社会主义国际文化大都市建设目标任务，全力建设习近平文化思想最佳实践地，全面打造文化自信自强的上海样本，以贯彻、落实党的二十届三中全会精神，是摆在文化领域各行各业从业人员面前的一项重大任务。该专著以如何通过影像符号塑造城市形象、彰显城市精神和品格作为研究选题，可谓恰逢其时。

更为难能可贵的是，该专著作者唐俊先生长期从事视听传播和纪录片研究，在相关领域已有很深的学术积累和实践认识。因此，该专著能根据上海的城市特质和发展目标将非虚构类上海城市影像整合起来进行系统性研究，探究城市影像生产传播与城市形象塑造的内在互动关系，并进而探讨新时代上海城市影像表述体系的建强与优化问题，具有整体性创新意义。

在研究过程中，该专著综合运用新闻传播学、影视艺术学、城市社会学等多学科的理论资源，运用深度访谈、内容分析等研究方法，注重加强城市影像研究的实证性，在加强城市影像创新和对外形象传播方面，提出了不少既具理论高度又有实践操作性的论点。而且，这些论点都是建立在可靠的、比较充分的论据基础之上。例如，对于上海城市影像的全球叙事与国际传播这一问题，作者通过邀请30多位在沪外籍人士观看相关影片，然后进行深度访谈的方法，从"他者""受者"的视角获取了不少有价值的第一手材料，在此基础上所提出的改进策略也势必具有更强的针对性和合理性。

　　此外，该专著的重要学术贡献，还表现在以下几点：一是对近百年来上海题材纪录片中的城市形象呈现进行了历时性梳理，提炼出从"魔幻城市－英雄城市－市井城市－多元城市"的形象变迁，并在"人民城市"重要理念的指导下提出未来城市形象塑造的方向，颇具学术厚度；二是从媒介技术视角分析超高清、虚拟现实、人工智能等为城市影像创新带来的机遇，展望上海城市影像的创新趋势，富有新意；三是针对上海城市形象宣传片、上海题材纪录片及社交短视频存在的问题和不足进行了深入分析，并就如何通过创作生产、对外传播、政策管理、技术应用等方面的创新，增强城市影像生产传播对于城市形象塑造、彰显城市精神和品格的促进作用，提出了系统化的策略建议，可供宣传管理部门的扶持引导、媒体制作机构的内容生产作学术参考和智力支持。

　　最后，本人愿为该专著向在新闻传播领域从事内容生产、学术研究、宣传管理的专业人士以及广大的读者大众作强力推荐。

黄瑚
复旦大学新闻学院学术委员会主任、教授
2024 年 8 月 15 日

目录

序 /001

绪论 /001

第一章 创作范式转型视域下的上海城市形象宣传片 /013
第一节 我国城市形象宣传片发展概述及研究状况 /015
第二节 "奇观化"创作范式及所存在的问题 /021
第三节 向"人本化"创作范式的转型 /032
第四节 时间、空间和类型的拓展 /044

第二章 纪录片中的上海城市形象变迁与发展策略 /057
第一节 上海城市纪录片的历史脉络简述 /059
第二节 海派纪录片的形成与发展 /067
第三节 新时代海派纪录片发展策略 /075
第四节 海派纪录片全球叙事和对外传播策略 /088

第三章 社交短视频中上海城市形象的多元话语建构 /105

第一节 短视频赋能城市传播 /107

第二节 上海题材抖音短视频传播概况 /114

第三节 引导短视频生产，赋能上海城市形象塑造 /134

第四章 5G 时代城市影像的技术应用创新 /151

第一节 超高清城市影像 /153

第二节 VR 城市影像 /160

第三节 智能化城市影像 /168

结语 /179

参考文献 /184

后记 /194

绪论

一、研究背景

当前，城市已经成为人类的主要栖居地，世界进入了"城市时代"，人口增长、社会稳定、科技进步、工商业发展，均有力地驱动着城市化进程。城市及城市群在大多数国家中的政治、经济、文化地位显著提升。对于中国这样的传统农耕大国，在改革开放的时代背景下，四十多年来城镇化率（也称"城市化率"）的迅速提高更是令全球瞩目。诺贝尔经济学奖获得者、世界银行前副行长斯蒂格利茨预言："中国的城市化与美国的高科技发展将是影响 21 世纪人类社会发展进程的两件大事。"[1] 据中国国家统计局 2021 年 5 月公布的第七次全国人口普查数据，居住在城镇的人口占 63.89%，与 2010 年第六次全国人口普查相比，城镇人口比重上升 14.21 个百分点。[2] 在全世界范围，当前总体上的城市化率也已超过了 50%，中国城镇化率现居于世界中等偏上水平，离欧美发达国家（多在 80% 以上）仍有一定差距。随着中国经济社会持续发展和促进城镇化发展各项改革措施持续推进，城镇化率仍将保持上升趋势。中国社会科学院财经战略研究院中国城市竞争力课题组发布的《中国城市竞争力第 19 次报告》(2021) 指出，未来十五年中国城市化率将从 65% 提升到 75% 左右，中国也将进入高收入国家行列。与此同时，国内外城市的竞争特别是中心城市之间的竞

---

1. 谢志强：《新型城镇化即将开启巨大增长空间》，《人民论坛》，2015 年第 27 期。
2. 《第七次全国人口普查公报（第七号）》，中华人民共和国中央政府网站，http://www.gov.cn/xinwen/2021-05/11/content_5605791.htm.

争日趋激烈，并逐渐从以经济实力、产业实力为代表的硬实力比拼为主，转向硬实力和软实力兼顾的综合性城市竞争。当城市的基础设施和人居环境全面走向现代化之后，面向长远的可持续发展，各国城市管理者对以文化实力、形象实力为代表的城市软实力的重视程度正在持续上升。

（一）从国家软实力到城市软实力

"软实力"概念（Soft Power）由哈佛大学肯尼迪政府学院教授约瑟夫·奈（Joseph Nye）在20世纪90年代初首创。"软实力"是在国际事务中"一种依靠吸引力，而非通过威逼或利诱的手段来达到目标的能力"（2013：119），主要包括文化、价值观和外交政策三部分。这一理论问世后，迅速得到世界范围的关注，并陆续得到约瑟夫·奈本人及许多学者的修正和丰富。三十年来，以文化为核心的软实力越来越受到世界各国的重视。在我国学术界，王沪宁最早提及"软实力"概念。1993年，他在《作为国家实力的文化：软权力》一文中指出，把文化看作一种软实力，是当今国际政治中的崭新概念。文化软实力的力量来自其扩散性，一种文化广泛传播时才会产生强大的力量。我国大众传媒上第一次出现"软实力"一词，是在2001年11月15日的《光明日报》，此后逐渐成为中国经济社会生活中常见的词汇。

除了国家层面之外，各国学者根据本国国情和现实需求进行软实力研究，其理论和应用涉及的范围不断延伸和细化，包括区域、城市、企业甚至个人层面，尤以对城市软实力的研究兴盛。如郑永年所说，在现代，国家的软实力很大程度上在城市体现，城市的软实力也基本上代表了国家的软实力。[1] 城市的发展包含物质、文化、制度"三位一体"的内涵，从这些资源中产生的有关城市的吸引力、辐射力、影响力等，都属于城市软实力的范畴（胡键，2021）。城市软实力是城市精气神的集中展示，是外界对于城市核心价值观的认同，是对于城市文化、治理、创新创业、人居环境

1.《郑永年：国家是大写的城市，城市是小写的国家 | 国际知名城市软实力调查报告1》，《新民晚报》微信公众号，2021-11-15。

和传播能力等方面一流品质的认可（张云伟等，2022）。综合而言，所谓城市软实力，是建立在物质或非物质资源上一座城市所拥有的吸引力、感召力、凝聚力和影响力的总和，包括了精神品格、核心价值、文化魅力、制度环境、治理水平、居民素质等诸多因素，因此是一个多元化、立体化的概念体系，是衡量一座城市综合实力的重要维度。特别是当城市发展到一定阶段后，其"加速器"作用更为显著，因而已成为当今城市能级竞争的主要场域之一。研究者指出，中国已经纳入世界都市化进程，未来城市发展竞争力已经从资源、经济、科技等"硬实力"转向以城市文化资源的影响力、城市精神凝聚力、城市形象感召力等"城市文化软实力"的竞争（陈圣来等，2018:111、112）。今天，要带动城市能级全方位、高层次、可持续地提升，必须高度重视城市软实力建设。

（二）城市形象：城市软实力的重要外在表现

有关城市形象的理论起源于西方。早在古罗马时代，维特鲁威的《建筑十书》创立了城市规划及建筑设计的基本原理，为建筑提出了评价标准和审美规范，体现了对城市美学的研究和思考。19世纪末，经历两次工业革命的西方国家城市规模和发展水平已经有了质的变化，对于城市规划、建筑美学、景观设计的研究日益深入，现代城市理论亦快速发展起来，城市形象也开始受到不同领域学者的重视。城市形象的概念最早来源于美国麻省理工学院建筑学院教授凯文·林奇在1960年提出的"城市意象"（The Image of The City）。在中文里，"城市意象"有时也被直接翻译成"城市形象"。所谓城市意象，是一种公众意象、公共意象，由许多人的意象复合而成。"这种意象是个体头脑对外部环境归纳出的图像，是直接感觉与过去经验记忆的共同产物，可以用来掌握信息进而指导行为。"（林奇，2017：3、35）林奇所说的"城市意象"，其物质形态归纳为道路、边界、区域、节点和标志物，主要来自人们在城市的亲身体验和感受。而对于城市形象的研究，国内外都经历了一个从空间建筑、道路规划、市容市貌等物质实体层面到人文积淀、社会治理、市民素质等精神文化层面的拓展。

　　研究者认为，国家形象是一国软实力的集成，分为政治形象、经济形象和文化形象三个层面（刘琛，2020:274）。城市形象同样是一座城市软实力的集成及重要评估指标。在对城市软实力的各种评估中，通常会纳入有关"城市形象"及传播能力的指标，例如"城市形象力""形象传播力""传播力度"等。因为城市形象是城市的宝贵无形资产和战略资源，是城市软实力重要的外在表现。关于城市形象的定义有很多，美国城市学家和传播学者刘易斯·芒福德（2005）认为："城市形象是人们对城市的主观印象，是通过大众传媒、个人经历、人际传播、记忆以及环境等因素的共同作用而形成的"。20世纪90年代以来，国内对城市形象的研究迅速升温，学者们从多方面认识城市形象，如"城市形象是构成城市的各种因素的总和的外在表现，是城市公众对由这些因素形成的城市现状和发展趋势的印象、看法和评价"（张学荣，1996）。"城市形象是城市展示给公众的综合性物质和文化印象，是一个城市的内在素质、发展水平和文明程度的综合反映，是城市竞争力的重要组成部分。"（李怀亮等，2009:4）"城市形象是指公众对一个城市的内在综合实力、外显表象活力和未来发展前景的具体感知、总体看法和综合评价，反映了城市总体的特征和风格。"（陈映，2009）尽管定义的文字表述有所不同，但在研究语境中城市形象主要被视为一种软实力和精神力量，是城市综合实力的重要影响因素，是城市在全球网络中的影响力、地位形成的关键（徐剑、沈郊，2018:21）。

　　城市形象有以下几个特点：首先，正如"意象是观察者和被观察事物之间双向过程作用的结果"（林奇:2017, 90），城市形象亦取决于社会公众的认识和感知，它虽然基于城市的现实的质地、资源和环境，但又并非是完全客观性的存在，因而为形象塑造留下了较大的空间；其次，城市形象是对城市的综合性反映，因而涉及面宽广，既维护不易，又提供了多方位建构的可能；最后，城市形象相对稳定但并非静止，是随着城市的发展而动态演变的。20世纪八九十年代以来，随着世界范围城市竞争的加剧，城市营销的概念在西方出现，并迅速传入我国，城市形象的重要性凸显，城市管理者普遍开始制订提升城市形象的计划。"城市形象是城市最大的无形资产。建设和管理好城市形象，将对城市的现代化建设产生强大的推动力。"（苏永华，2013:14）城市形象是城市软实力最为直观的外在表现，与城市整体发展水平、城市地位等密切相关（张云伟等，2022）。总体而言，塑造良好的城市形象，对于展示城市精神和品格、吸引人才和投资、优化资源配置能力、推动城市的经济建设和现代化进程、提升城市能级和核心竞争力、增强市民的自豪感和向心力均有着重要意义和价值。一座城市能否塑造和传递出具有标识性、彰显城市精神和品格的形象，把自己的故事讲述得精彩生动，对提升软实力至关重要。

（三）影像：城市形象传播的最佳载体

在城市软实力建构中，传媒具有双重作用：既作为属于文化资源的城市软实力资源存在，又作为影响其他诸要素实现建构效果的中介存在（陶建杰，2010）。具体到城市形象，除了人们实地的经历和感受外，总是需要通过各种介质载体、渠道工具来呈现的，这正是"形象传播力"的具体体现。由于人们缺乏时间、精力等条件进行各种亲身体验，即使是长居其中的市民，面对日益复杂的城市，也往往需要通过各种媒介元素来感知和认知。如美国新闻评论家、传播学者李普曼所言，人与其所处的环境之间存在着拟态环境（pseudo-environment）。人的所有行为都是针对这一拟态环境做出的（2018:14）。城市传播学者认为，传播赋予了公众对城市形象的先验认知，这种先验认知实际上就是符号学中的超真实：由传播符号所构建的真实比存在的真实还要"真实"，还要令人信服（苏永华，2013:86）。因此，城市形象的塑造离不开通过媒介手段对"城市意象"的建构和传播，且已超越物质形态的范畴。媒介所塑造的城市形象不但包含了物质性、实体性的城市意象，也包含了精神性、文化性的城市意象。

不同介质的传播符号在城市形象建构中起到不同的作用，城市空间生产具有严格的视觉意义，并服从于视觉逻辑。相比文字书写而言，影像书写在记载城市历史、建构城市意象的过程中后来居上。李普曼在20世纪20年代断言,在人类历史上,没有任何一种艺术形式能够匹敌电影对于意义进行视觉化呈现的能量(2018:74)。尽管城市的现代图像记忆起源于静态的摄影,但活动影像的地位日益凸显。"在电影中,时间与空间的连接不是线性的,不同地点发生的事件可以相互交切,从而创造出在实际生活中'不可能'的视觉角度。这样,城市生活中发生事情的同步性、复杂性和不连贯性得到了有力的表现"(迈克·克朗,2003:106)。时至今日,城市及居民均不可能脱离影像化生存。研究者认为,影像透明性与城市的空间形态一拍即合,城市似乎找到了显示自身的最佳载体。城市意象越来越多地聚合在影像中,在城市研究中,影像元素受到广泛关注(孙玮,2014)。城市影像生产的变动就是城市身份形象和空间再造的过程,通过对新城市影像的审美和反映,现代城市空间得以展现(刘娜、常宁,2018)。在活动影像部分,广义而言,城市影像囊括了所有以城市为反映主题、以城市为背景展开叙事的各类影像产品,主要包括影视剧、综艺节目、视听新闻报道、城市形象宣传片、城市题材纪录片及网络时代蓬勃兴起的短视频、直播等。

视频影像的传播一直被认为有深度不足、娱乐化之弊,需要人们予以重视和弥补。如尼尔·波兹曼对电视的批判:"娱乐是电视上所有话语的超意识形态。不管是什么内容,也不管采取什么视角,电视上的一切都是为了给我们提供娱乐"(2004:114)。但是视频化传播这一趋势却难以被扭转,由于人类永远追求直观、形象的传播方式,媒介进化的逻辑是在保证信息传播的时空延伸性之后,又不断依靠先进技术来还原原始形态的交流场景,从声音到图像,图像从黑白到彩色,从标清到高清,还原前技术时代的程度越来越高。当前,超高清视频分辨率可到达人眼的极限,虚拟现实产品可突破二维局限实现全景环绕的沉浸式体验,从清晰度、立体感、交互性等多个维度,在还原前技术时代的进程中又大大迈进了一步,使人们解码更为简易,更有身临其境之感。总之,由于视频影像符合人性的需求和媒介进化的逻辑，因而体现出蓬勃发展之趋势。

当前，城市形象数字传播已成为顶级全球城市软实力竞争的主阵地（徐剑、钱烨夫，2023）。各类视频更为易制、易传、易得，是数字传播时代的一大重要特征。近年来，伴随着网络速率的倍增，从视频内容、视频社交发展到视频营商、视频生活，视频成为诸多行业关键的数据载体和基础能力，视频消费成为民众精神文化生活的重要组成部分。5G时代具有"超视频化"的趋势，体现为超级精度（4K/8K）、超级视野（VR/AR）和超级流量，这将极大改变人们的工作和生活体验（唐俊，2021）。视频或将全面超越图文、语音的地位，成为社会的基础性信息消费和交往方式，用户对视频品质、创意的要求也将越来越高，人们真正迎来"无视频不传播""无视频不社交"的时代。在此背景下的城市形象传播中，视频影像的主导地位将更为巩固，同时，人们对城市影像的创新也提出了更高的要求。

（四）上海：城市影像的深厚积淀与全新使命

上海在中国城市影像的生产和传播中占有重要地位。上海是中国电影的发祥地，也是包括故事片、新闻片、纪录片等各类影像在中国的起源地。据史料记载，电影在法国诞生后的第二年就传入了中国，最早出现的城市就是上海。1896年8月11日，上海"徐园"内的"又一村"茶楼放映了一批"西洋影戏"，即来自西方国家的影像短片。据考证："这是我国有记载的第一次公开放映电影的日子"（方方，2003：2）。最早反映上海城市生活的影像在19世纪和20世纪之交也已出现，多为外籍人士拍摄，现存有《上海南京路》(1901)、《上海第一辆电车行驶》(1908)等。由此可见，上海的城市影像生产传播与西方世界是大体同步的，且长期作为中国影视生产的重镇。由于城市特殊的发展历史所致，上海拥有其他中国城市难以比拟的影像留存和记忆。中国早期的影像作品中不乏对上海的真实性记录，较有影响的包括《上海战争》(1911)、《五卅沪潮》(1925)、《上海纪事》(1927)等。20世纪20年代，商务印书馆所拍摄的大量时事类、教育类影像中，也有不少反映上海的内容。如研究者所说，从文化的角度来讲，上海之所以成为上海，赖有可以诠释历史的"影像史记"（李涛，2021）。面向未来，这座城市需要有更为强大的影像表述力量。

上海为加快建设具有世界影响力的社会主义现代化国际大都市，对提升城市软实力提出了明确的要求。根据《中共上海市委关于厚植城市精神彰显城市品格全面提升上海城市软实力的意见》（2021），要在持续增强硬实力的同时，更好发挥软实力的"加速器"作用，打造向世界展示中国理念、中国精神、中国道路的城市样板。为此要培育涌现更多原创性的文化精品，推动开发更多演绎上海故事、传播上海精彩、镌刻上海印记的文化"爆款"；着力增强全球叙事能力，扩大城市软实力的国际影响，包括塑造城市品牌形象、讲好精彩城市故事等。以上均与新时代上海城市影像的生产传播有着紧密关联，全面提升上海城市软实力亟须更具创新性的城市影像内容和形式，推出更多传递城市价值观、能够跨文化传播的精品佳作。当前，上海正在建设习近平文化思想最佳实践地，开创国际文化大都市建设新局面。为此，要着力打造具有广泛国际影响的上海城市形象名片，讲好中国故事、传播上海精彩。上海城市影像生产与对外形象传播面临新的使命。

在众多传播类型和手段中，非虚构城市影像实证性强、触达率高、覆盖面广，在社交媒体时代更是呈现出全民参与性、交互性等特征，是人们了解城市特质、感受城市魅力的重要载体，尤为值得重视。对于正迈向"卓越的全球城市"的上海而言，规划、扶持、引导好城市影像生产，通过影像创新展现城市人文之精华，对于大力弘扬"海纳百川、追求卓越、开明睿智、大气谦和"的城市精神和"开放、创新、包容"的城市品格；连贯展示上海的红色文化、江南文化、海派文化，彰显魅力和吸引力；讲好精彩的中国故事、上海故事等，都具有重要的作用。

二、研究内容和目标

本书所指的城市影像，在整体上归属于结合了文本再现和具身实践性质的"非虚构影像",主要包括城市形象宣传片、城市题材纪录片和社交短视频三大部分,和日常追踪动态的新闻性影像不同,它们在描述城市空间的同时,均能超越基本的表意功能,不断内化于大众的城市体验,成为建构社会的视觉性力量,因而与城市形象塑造、城市软实力建设密切相关。相对于影视剧等虚构性和想象性生成内容,非虚构影像具有不可取代的认知功能和审美价值。以上三者分别凸显城市影像的官方话语、精英话语和民间话语,形象宣传片的宏大精致、纪录片的厚重细腻、短视频的具身灵动互为补充,共同建构出城市的形象特质,赋能城市软实力建设。本书的主要研究内容包括:

(一)城市影像创作生产创新

围绕新时代塑造上海城市形象、弘扬城市精神的目标,城市影像的创作生产、叙事策略需要持续创新,形成新的逻辑和样态。包括:如何结合上海的发展实际与愿景,推出能充分体现城市性、人文内涵和民众生活状态,弱化疏离感和单向度的城市形象宣传片;作为城市文化标识之一的纪录片创作如何把握独特的城市文脉,创新模式和样态,持续推出基于城市实践讲好上海故事、中国故事的优秀作品;如何将多种产制方式有机结合,驱动更多展现城市气质、唤起对城市情感认同的网络短视频涌现,使城市形象在全媒体生态环境中交互建构、更富活力。

(二)城市影像国际传播创新

城市是中国故事的重要讲述者和书写者。对于上海这样的国际大都市而言,无论是城市形象宣传片还是城市题材纪录片,均应致力于进入国际传播场域,面向世界展示城市形象和精神品格。网络短视频的兴起,为城市形象的国际传播提供了全新媒介途径,且民间主体亦广泛参与其中,具有广阔的创新发展空间。本书将探讨新时代上海城市影像如何跨越地域、文化和意识形态的隔阂,进一步优化国际传播效果,增进国际社会的了解和认同。

(三)城市影像技术应用创新

5G 网络的普及将迎来一系列新兴技术的"风口",城市影像生产正纳入 8K 超高清、虚拟现实、人工智能等新形态、新应用,这些"技术义肢"进一步延伸人的感知,或与身体深度嵌合。本书将关注如何使技术和人文有机融合,探索上海城市影像新的打开方式,呈现全新城市图景和未来镜像,让人们在新兴技术带来的再现和拟仿体验中催生新的城市认知。

(四)城市影像政策管理创新

从全世界范围看,城市影像作为产业化程度不高的文化产品,具有较强的政策驱动特征,政府管理部门的扶持、引导起到重要作用。本书将涉及如何从政策管理创新的角度,推动城市影像生产的繁荣,助力城市形象塑造。

本课题的研究目标是:基于跨学科视野,根据新时代上海城市的定位和发展战略,探究城市影像生产传播与城市形象塑造的内在互动关系,并就如何通过创作生产、国际传播、技术应用、政策管理等方面的创新,进一步增强城市影像对于城市形象塑造、城市软实力建设的赋能作用形成系统化的策略建议。

三、研究方法

本书将主要非虚构城市影像整合起来,将定性和定量方法相结合,研究其与上海城市形象塑造、城市软实力建设的互动关系,探讨新时代上海城市影像表述体系的建强与优化。本书将综合新闻传播学、影视艺术学、城市社会学等多学科的理论知识展开研究,提出既具理论高度又有操作性的策略和建议。除必要的文献资料研究外,主要研究方法包括:

(一)深度访谈法

本书作者及课题组成员与资深城市影像制作人、媒体平台机构负责人、在华外籍人士等进行了深度访谈,探讨如何通过城市影像创新提升城市软实力。由于上海城市影像的全球叙事和对外传播是本课题研究的重点之一，因此本书访谈的重点是在华外籍人士，课题组克服了新冠疫情造成的诸多困难，在2021年11月到2022年10月间选取了34名在沪外籍人士进行了深度访谈（参见下表），了解其对于上海主题的形象宣传片、纪录片及社交短视频的印象和看法，并征求相关建议。

这些外籍人士来自全球二十多个国家，其中西方发达国家和其他国家各占一半，覆盖面较广；主要职业为外企员工、商界人士、教师和留学生等，以中青年为主，基本符合外籍人士在上海的职业和年龄构成；受访者在上海的生活经历为半年到二十多年不等，兼具"他者"视角和对上海不同程度的了解；这些人士通过网络平台征集、沪上高校征集、新闻媒体提供、人际关系介绍等多种途径建立联系，尽可能不采用受访者之间"滚雪球"的方式，避免了群体相似性，以期获得多元化的意见；访谈通过线上或线下方式进行，以线上为主。后文引用访谈内容时，受访者以"编号/国籍"表示，如"01/美"。

在沪外籍人士受访者基本信息列表

编号	国籍	性别	年龄（岁）	职业	居沪时间
01	美国	男	46	教师	3年
02	美国	男	75	媒体顾问	12年
03	美国	男	66	医生	2年
04	英国	男	55	采购经理	17年
05	英国	男	45	教师	6个月
06	英国	女	35	病理学家	4年
07	法国	男	25	数据经理	1年半
08	德国	女	38	自由摄影师	12年
09	德国	女	35	市场营销	2年半
10	意大利	男	41	大学教授	9年
11	意大利	女	40	外交人员	13年
12	荷兰	男	31	作家	4年
13	爱尔兰	男	32	外交人员	2年
14	加拿大	男	50	企业主	5年
15	加拿大	男	51	媒体记者	18年

（续表）

16	日本	男	28	企业职员	2年半
17	日本	女	22	留学生	5年
18	韩国	男	29	产品经理	9个月
19	韩国	女	29	企业文员	10年
20	印度	女	54	作家	4年
21	巴基斯坦	男	30	教师	4年
22	新加坡	男	23	企业员工	约10年
23	泰国	女	25	企业文员	9年
24	马来西亚	女	22	留学生	3年
25	越南	女	23	留学生	8年
26	俄罗斯	女	22	教师	3年
27	波兰	男	65	退休	2年
28	哈萨克斯坦	男	24	教师	6个月
29	伊朗	女	22	留学生	8年
30	土耳其	男	64	银行高管	25年
31	巴西	女	27	教师	3年
32	巴西	男	27	交换生	2年
33	塞拉利昂	女	25	留学生	4年
34	赞比亚	男	30	留学生	8年

注：受访者年龄及居沪时间，以访谈时为准。

（二）文本分析法

对具有代表性的上海城市形象宣传片、城市纪录片作品、网络短视频进行文本分析，结合对个案生产过程、传播效果的描述和解读，探究城市影像创新路径。

（三）内容分析法

通过立意性抽样、编码和数据分析，从不同指标对有代表性的上海城市宣传形象片、抖音平台及其海外平台Tiktok上的城市题材头部短视频进行内容分析，并结合对网络评论的解读，剖析城市形象对外传播现状，探寻改进策略。

第一章
创作范式转型视域下的上海城市形象宣传片

越来越多的城市将"人"视为最宝贵的资源和一切发展的价值旨归，重视城市规划建设中的人性化维度，这在城市形象传播中理应得到充分的体现。因此，城市形象片的创作范式应探索从"奇观化"向"人本化"转型，调整过多使用虚拟主体、上帝视角，过于集中展示地标建筑、硬件资源的偏向，更为注重对市民生活、城市人文软实力的发掘。未来城市形象片应摆脱恢宏、物性的介绍模式，回归对城市的主体——身处其中的居民及其生活状态本身的关注。

第一节
我国城市形象宣传片发展概述及研究状况

一、兴起于经济改革和大型活动中的城市形象片

城市形象宣传片将城市的自然景观、旅游资源、经济发展、建设成就、重大活动、历史文化和市民生活等方面的状况通过艺术化的处理，浓缩成简短的视频影像，使观众在较短时间内就能大致领略一座城市的外在形态和精神风貌。城市形象宣传片又可细分为风貌类、旅游类、活动类和招商类等多种类型，在城市形象推广中承担着最为集中和直接的功能，是城市品牌建设和城市资源营销的重要手段，亦是展示城市精神、城市品格的重要窗口。

直到20世纪八九十年代，城市形象宣传片在我国仍基本处于空白状态。由于长期处于计划经济的体制环境中，高度行政化运行的城市管理系统缺乏用影像手段进行自我推广的意识，影像宣传往往只限于具体的景点景区，而未将城市整体也作为宣传推广的对象。直到1999年3月，当时山东省威海市为了带动旅游业，吸引国内外游客，组织制作推出了中国第一部城市形象宣传片，用高度凝练的影像语言概括了城市的发展变迁，突出威海是"世界上最适合人类居住的范例城市之一"，在中央电视台投放后取得了良好的传播效果。进入新世纪后，随着市场经济的迅速发展，中国的城市也越来越重视自身的对外宣传，各地宣传部门、文化旅游部门将之作为一项重要工作来抓，在此背景下城市形象宣传片蓬勃兴起，其中既有纯粹的城市形象推广，也包括和大型活动、赛事、旅游、招商等相关的城市宣传片。而一些特大城市所承办的大型国际性政治、经济、文化、体育盛会

和活动，如 2008 北京奥运会、2010 上海世博会等，更是极大促进了城市形象宣传片的创作生产。高水平专业团队和充足资金的投入，促使制作水平持续提高。随着"入世"后中国深入地融入全球化进程，中国城市也开始重视通过城市形象宣传片的国际传播面向海外塑造城市形象。2011 年，中国国家形象宣传片在美国纽约时代广场播出，继而中国多个城市的形象宣传片也在国外陆续亮相，使形象宣传片成为国家、城市展现自身形象的重要影像工具和载体。

城市形象宣传片多由政府宣传部门、外宣部门推出，被称为城市的"视觉名片"，是对城市形象定位的直观诠释，对城市精神、城市理想的具象演绎，因而成为城市主流影像的代表。李普曼认为："尽管我们必须在真实环境中行动，但为了能够对其加以把握，就必须依照某个更加简单的模型对真实环境进行重建。这就像一个人若想环游世界，就必须拥有一张世界地图"（2018：15）。形象宣传片也是这一思想行为方式的产物，通常篇幅不长，对城市特质的呈现正是高度浓缩化、模型化、框架化的，这也成为策划、创作的难度所在。当前，随着城市间软实力竞争的日趋激烈，国内外城市在形象片上的创意比拼日益激烈，不断推陈出新，为人们建构更具吸引力和感染力的城市拟态环境。随着技术的发展，虚拟现实、人工智能等也被运用到城市形象宣传片中，使城市形象的呈现更为立体丰富，更具现代感。

作为中国第一大城市，上海高度重视城市形象宣传片的功能和作用。2010 上海世博会申办和举办期间，形成了城市形象宣传片生产传播的高潮。世博会后的第二年，作为中国对外传播的一个重要举措，"中国名片"之城市形象片系列在美国纽约时代广场大屏幕陆续播出。上海是第一个亮相的中国城市。2012 年开始，上海陆续推出了"上海之城"系列城市形象宣传片。特别是 2018 年以来，随着世界上第一个以进口为主题的国家级展会——中国国际进口博览会（以下简称"进博会"）在上海的举办，上海几乎每年都会围绕进博会主题推出新的城市形象宣传片。

二、对上海城市形象宣传片研究的展开

（一）相关研究简述

1、**本体理论层面**。少数研究从本体论层面考察，体现出较强的理论思辨性。如通过对上海城市形象片的研究指出，影像在两个向度上改变了人与城市的关系。"再现"模式使得媒介影响了人们对于城市的认知；"拟仿"模式则将自身变成了城市的一部分。"拟仿"呈现的是上海幻象，它已与现实无涉（孙玮，2014）；有学者借助拉康镜像理论视角，认为城市形象宣传片呈现出来的"影像"，如同人们照镜子时对"镜中我"产生"幻象"一样，亦在主体和他者之间充当着介质的作用（郑敏，2021）。

2、**观念手法层面**。如通过对上海城市形象片的表现手段变化进行分析，阐释了城市形象影像叙事设计的去奇观化创作观念，揭示了城市价值观对人们当下生活产生贡献的需求，是城市形象影像表达的去奇观化叙事的动力机制（王冬冬，2014）；认为奇观化叙事和平民化叙事是城市形象宣传片不同的创作方法，应巧妙融合，制作出观众愿意看、记得住的城市形象宣传片（李忠，2019）；通过受众调查和数据整理，分析上海城市宣传片对城市形象的正面塑造作用和所存在的缺陷，认为要重视市民形象的呈现，逐步削弱奇观化的表达方式，同时要加大宣传片的发片频率（殷雪涛，2019）。

3、**案例分析层面**。这类研究对文本、视听元素的分析更为细腻。如以《上海：灵感之城》为例，从文化角度解读广告语篇中多模态隐喻的意义建构，包括花、水、光之意象（刘明秀，2013）；通过对《中国名片·上海》的研究，总结出夜景、标志性建筑、红色元素、旗袍、上海声音等上海典型元素的选取展现出上海良好的城市形象（杨淑婷，2019）；以2018—2022年官方发布的进博会上海城市形象宣传片为样本，研究其城市形象的建构与传播（柴若楠，2023）。

4、**比较研究层面**。对不同城市的形象宣传片进行对比研究，能够更

清晰地发现城市形象定位和影像建构方式的区别。如将上海与杭州城市宣传片的内容构成和摄制构成进行对比,发现上海立足国际化与海派两个特点,更多通过镜头语言展现其包容性与文化交融的城市形象(陈梓逸,2019);从主题、内容、声像特点等方面将上海与深圳的城市影像进行对比研究,从文化自信、人本思维、多重叙事等层面来总结城市影像传播力与塑造力的提升方法(赖明明、王颖,2018);对北上广深一线城市的形象宣传片进行对比,验证其内容发展与媒介环境变化之间的关系,对其视听语言与传播策略进行实证分析,为未来城市形象片的发展提供有意义的参考(侯迎忠、闫瑾,2017;张萌阳,2020)。

相关研究报告更全面地展示出不同城市形象宣传片的传播效果。2020年6月,人民日报下属的海外网数据研究中心发布了《中国城市形象宣传片海外传播影响力指数报告(2020)》(参见表1.1),选取了全球城市实验室(Global City Lab)全球城市500强榜单中31个具有国际影响力的中国大陆城市,抽取其在十九大后发布的275条城市形象宣传片作为样本(包括城市风貌、活动赛事、旅游、招商等主题),对各城市形象宣传片的海外传播效果进行比较分析和案例解剖。

表1.1 中国城市形象宣传片海外传播影响力指数榜(2020)

排名	城市	发布指数	传播指数	互动指数	影响力指数
1	深圳	74.80	88.21	74.57	99.26
2	杭州	75.40	80.55	79.69	96.93
3	武汉	80.80	83.69	73.42	96.36
4	上海	84.60	76.10	71.26	93.24
5	北京	81.40	76.30	67.96	91.98
6	青岛	80.80	75.96	65.35	91.41
7	长沙	76.60	71.95	81.23	90.59
8	苏州	78.40	72.11	72.24	88.94
9	西安	81.40	74.43	46.42	86.47
10	厦门	75.40	72.12	46.24	85.83

来源:人民日报海外网数据研究中心

注:报告共公布了31个城市的指数,本表选取前十位城市。

报告发现，上海城市形象宣传片的发布指数最高，达到84.60，发布各类宣传片37条，位居各城市第一位。但传播指数和互动指数均不突出，逊于深圳、杭州和武汉，在综合影响力指数上列第四位，与上海的城市地位并不完全符合。

（二）本次研究设计

为了深入研究，课题组对上海世博会后由官方推出的一系列城市形象宣传片进行了梳理，选择了近十年中有代表性或有特色的作品，包括：《中国名片·上海》（2011）、《上海：灵感之城》（2012）、《行走上海》（2015）、《上海：创新之城》（2016）、《我们的上海》（2016）、《这一刻，在上海》（2018，含4个篇章）、《上海，不夜的精彩》（2018）、《上海·恒新之城》（2019）、《上海·人人之城》（2020）、《上海的邀请》（2021）、《共"进"五年》（2022）共11部。上述形象片以上海市新闻办公室发布的为主，也有上海市旅游局和上海广播电视台推出的宣传片。

重大国际性活动历来对城市形象的塑造起到重要的作用，成为城市传播的有力抓手，特别是随着2018年以来上海进博会的举办，每年上海市政府新闻办都会推出新的宣传片。这些宣传片均配有英文字幕，在上海日报融媒体产品SHINE、上海外语频道及Shanghai Eye、澎湃新闻"第六声"、东方网国际频道等对外传播媒体矩阵播出，此外，中国日报、人民网海外频道等也会播出，因此具有鲜明的国际传播诉求。由于本研究以上海城市影像的全球叙事和国际传播为重点，因此主要考察外籍人士的观看感受和改进策略。

如前文研究方法部分所介绍，课题组选取了来自全球二十多个国家的34名在沪外籍人士进行了深度访谈。在访谈之前，均让他们完整观看了上述宣传片。大多数受访外籍人士观看后认为，这些宣传片总体上较好地展现了上海的城市形象，一定程度地反映出了城市软实力，令人产生积极的能量和对城市的向往之情；且制作水平较高，音乐与画面配合和谐，富有艺术感。受访外籍人士也了解到不同宣传片的诉求不同，比如进博会宣传片会更偏重于反映上海的商业环境，有的宣传片则更多地展示上海的城市风貌和文化风俗。在此基础上，外籍人士也提出了形象宣传片中的许多不足之处，除了个人爱好的差异外，也可以较明显地看出一些具有共性的内容。本书的重点即在于发现城市影像传播中的问题和不足，以期未来有所优化和提升。

第二节
"奇观化"创作范式及所存在的问题

长期以来,我国的城市形象宣传片中普遍形成了一种可称为"奇观化"的创作范式,较多使用航拍、延时、镜头畸变及特效剪辑手段集中呈现城市的地标景观、高楼大厦、交通设施、支柱产业等,予人以超越现实视角的、唯美新奇的视听呈现。在本质上是通过硬件展示来反映经济发展和城市建设的成果,并诉诸强烈的感官刺激来加深观众的印象。上海的城市形象宣传片也不例外。"奇观化"城市形象片对城市传播曾起到过积极作用,但其滞后性和弊端也日益凸显。根据对外籍人士的深度访谈,结合对上海城市形象宣传片进行分析的情况,可以发现在"奇观化"创作范式的指引下,所存在的一些共性问题。

一、地标景观比重偏大,"城市性"体现不充分

研究城市形象传播有必要提及一个概念:城市性。这一学术概念在20世纪30年代就已在西方社会学界提出,城市社会学创始人路易斯·沃斯等以此探讨城市特有的生活方式,包括有别于乡村的社会文化特质及不同城市之间的特性。研究者认为,从城市本原出发,城市性兼具空间、经济、社会和组织四个维度的特性(吴晓林,2020)。其中,空间特性和经济特性主要指向城市的物质向度、商业属性,而社会和组织特性则分别体现为人口的异质性、社会的包容性,以及以什么样的形式组织城市生活,主要指向城市的人文向度、运行方式。对于城市影像生产而言,上述几个方面

的均衡体现，才能相对完整地塑造好城市形象。而事实并非如此，有研究者提出，目前中国城市形象宣传片存在的最根本的一个问题是对"城市性"的忽略。城市形象宣传片走向经典化的途径就是发现城市性，即发现城市独特的地理、历史、文化、精神、个性，特别是要将镜头向下，关注那些真正承载着城市性的芸芸众生（李忠、田崇雪，2018）。城市性关系城市的精神与气质，而其主体正在于人本身。城市影像的生产在呈现现代性景观时，需要理性的离身叙事，也要做到尊重个体体验，赋予影像以情感与人文的向度（李文甫，2021）。

上述城市影像研究者对于忽略"城市性"的批评，其实是指出了城市影像中人文向度不足因而导致"城市性"体现不够充分的问题。一方面有大量空间特性和经济特性的呈现，另一方面，社会和组织特性则较为缺乏，并集中反映在"人"的因素上。这不仅是数量的问题（镜头、时长等），不难发现，在当前各地的很多城市形象宣传片中，虽然均会有各类市民人物的出现，如欢乐活泼的儿童、温馨浪漫的情侣、其乐融融的家庭、休闲锻炼的老人等，但这些均已模式化、套路化，固化场景在众多宣传片中反复出现，难以真正体现城市的辨识度和人文向度，激发观众的兴趣和共鸣。这些问题，在上海城市形象宣传片中也一定程度地存在。本书选取了四部更能在总体上体现上海城市形象片特征的作品进行了内容分析，主要是统计各种类型内容的时长在片中所占的比例。这四部形象片均以"之城"为名，包括《上海：灵感之城》（2012）、《上海：创新之城》（2016）、《上海：恒新之城》（2019）、《上海：人人之城》（2020），都是多维度展现城市的综合性形象宣传片，具有较强的代表性。

表 1.2 四部上海城市宣传片中不同类别内容的时长比例（%）

类别／片名	灵感之城	创新之城	恒新之城	人人之城	平均
地标建筑	24	14	20	22	20
旅游景观	12	23	17	24	18
交通设施	/	1	9	3	3
经济商贸	15	9	12	16	12
科技创新	4	8	3	10	6
职场办公	/	2	8	6	3
文化艺术	15	17	16	5	15
体育运动	7	10	2	/	6
学校教育	7	/	4	/	4
居民生活	16	16	8	13	13
城市治理	/	/	1	1	0

注：地铁体现工作人员时归入交通设施，体现民众乘坐时归入居民生活；港口海运归入经济商贸；非专业性体育运动归入居民生活；比例数值均为四舍五入。

从所统计的四部上海城市形象宣传片看（参见表1.2），占据时长比例前两位的是地标建筑和旅游景观，说明这些宣传片总体上是以凸显城市标志性符号、推介旅游资源为主要功能，更为着眼于"物"。文化艺术占到第三位，居民生活占第四位，说明创作者在主要着眼于"物"的同时，也比较注意展现上海的人文魅力。值得一提的是，定量的内容分析尚不能完全反映问题，例如居民生活尽管占到13%，还略高于经济商贸，但实际传播效果却有反差，后文还将结合深度访谈和文本分析来论述。

随着物质条件的改善和科学技术、管理水平的进步，今天的特大城市已经越来越重视人文关怀、人性化维度。2010上海世博会的口号便是"城市让生活更美好"，面向2035年的远景目标，上海正努力建设创新之城、人文之城、生态之城，这在城市形象传播中理应得到充分的体现。在上海的城市形象宣传片中，也有一些突破"奇观化"模式套路，体现人本化、生活化上海的内容。例如在《上海：创新之城》（2016）中，以一位的士司机的视角切入。工作一整夜后他在凌晨时分停车到便利店购买食物，与店员用上海话交流,然后带出市民们享用早餐、城市从沉睡中苏醒、开启全新一天的场景,呈现出鲜明的城市特质和浓郁的生活气息。这一设计给观者留下深刻印象:"这些对白都使用方言,能让人一听就知道是上海,也更让城市宣传片贴近市民、贴近生活。"(赖明明、王颖,2018)但这样富有温度的场景,在上海城市形象宣传片中还是比较少见的。在不少场景中,人甚至是缺失的,例如浦东陆家嘴常常在航拍的视角中,被描绘成高楼大厦林立的金融中心符号,很少见到地面的场景和人的活动。

《上海,创新之城》(2016)以一名的士司机凌晨的活动开场

宣传片中人本化、生活化呈现的不足,在对外籍人士访谈中也得到了较充分的证实:

"在这些宣传片中较难感受到上海市民的日常生活,大部分影片呈现的都是商业相关的画面,比如说购物和工作。"(10/意)

"从宣传片中能看出上海是一座现代的城市,富有创新和活力,但是看不到很多关于市民日常生活的内容。宣传片看起来很绚丽完美,但是缺少了人情的元素。"(07/法)

"与建筑物和基础设施的图像相比,我更能与有关'人'的内容产生共鸣,也更喜欢更现实的人物描述,但它们通常被一些宏大或花哨的内容所覆盖了。"(01/美)

"我还是觉得有点太聚焦于上海的快节奏了。我特别喜欢上海,我认为上海并不是一个只有快节奏的城市,也有小资情怀,享受生活的一面。"(27/波)

"我几乎没有看到上海人民在餐厅里就餐的场景,我觉得这些场景更能体现我所了解的上海生活特色。我希望能够通过影像体现一个更平易近人的上海形象。"(14/加)

"我在 YouTube 上看到过关于人民广场相亲角、打太极的内容,我觉得是上海文化的一部分,但没有在影片中看到。人们关注的不仅是建筑本身,而是

关注这些建筑里人的生活。"（33/ 塞）

"上海有形形色色的人群，它能够接纳不同生活方式的人。比如，上海不止有在礼堂表演的艺术家，也有街头艺人、酒吧驻唱、说唱歌手。他们的视角是有所缺失的。"（08/ 德）

"很大篇幅都是在拍建筑、大桥、街道、黄浦江……但这些素材很难突出上海的温暖和可爱。有很多拍得很棒的城市宣传片，他们没有去强调自己的城市有多么发达、多么繁华，只是拍摄了很多温暖的画面，比如街边的行人冲着镜头微笑了一下，在看的过程中我会觉得心情愉悦、放松、享受。"（30/ 土）

如果按照前文中对四部上海城市形象宣传片的内容分析，居民生活画面所占的比例为13%，位于地标建筑、景观旅游和文化艺术之后，其实并不算太低，为什么外籍人士仍然感到人的元素或普通人生活的缺乏呢？如果结合对宣传片的文本分析就可发现，在绝大部分作品中，虽然所出现的大都为普通市民或工作者的形象，体现了平民化色彩，但这些人物很多远离了写实性的记录，而是配合拍摄呈现出的超越日常的表演状态，一切都很美好，一切都很昂扬，快乐满满、其乐融融，这种单向度的呈现带给观众的感觉是人似乎只是城市或场景的附属品，缺乏独立的美学意义，也难以产生情感的代入和交流。如一些外籍人士的评价：

"在这些宣传片中，人更像是'道具'，而不是主角。"（30/ 土）"关于市民的方面比较勉强、生硬。"（02/ 美）"片中的这些家庭看起来比较高端，不是很像普通的家庭。应该更多展示日常的、接地气的、有人情味的内容。"（06/ 英）

研究者针对国内观众的一项问卷调查也显示，在观看多部上海城市形象宣传片后，有超过一半的调查对象都认为在宣传片中应该更突出市民的形象和科技教育相关的部分。各种各样的城市"景观"或者是宏伟的成绩计划消解了日常生活中的市民形象，难以贴近普通人的日常生活，并不能产生非常良好的传播效果（殷雪涛：2019）。

城市形象宣传片无一例外需要对城市空间进行展现和建构。城市空间既有地理空间，也有人文空间，主要分别以城市地标和文化符码来展现。

现有的城市形象宣传片更多的是聚焦城市地标、展现地理空间，这也是最为熟知的路径，而通过文化符码展现人文空间则复杂得多。如果说城市地标主要体现为"物"，文化符码则更多体现在"人"。人既然是城市空间的创造者和传承者，理应在城市空间的影像构建中起到不逊于"物"的地位。在当前许多城市宣传片中，人物大多是依附于建筑、景观等出现的。如活泼的儿童、锻炼的老人、和睦的家庭、各行各业勤勉的工作者等，几乎存在于任何城市的宣传片中，但却通常缺乏主体性的呈现，较大程度上被"道具化"了。

从政治话语而言，习近平总书记2019年在上海考察时指出"人民城市人民建，人民城市为人民"，要让城市成为老百姓宜业宜居的乐园。[1]这都预示着未来的城市宣传必须更注重"人"的体现，更注重人文向度的发掘。毕竟城市的风俗民情、生活百态才是一个城市的灵魂所在。在上海市委关于全面提升上海城市软实力的《意见》中，有不少反映改善市民生活的内容，提出要着力打造最佳人居环境，彰显城市软实力的生活体验，包括塑造打动人心的"城市表情"，打造满足品质生活的服务体系，构建引领未来生活的城市空间，等等。此外，还有塑造新时代市民的新形象、营造英才汇聚的创新"强磁场"等。这些有助于全面体现城市性、对提升城市软实力非常重要的内容，但在过往的城市形象宣传片中是体现不足的。

此外，城市形象宣传片还要面对的一大挑战是，如何解决地标景观反复同质化出现，导致含义枯竭、审美疲劳的问题。特别是对于上海来说，经典城市地标高度集中在黄浦江两岸以外滩、陆家嘴为中心的区域。在上海的城市形象宣传片中，外滩、东方明珠、金茂大厦、上海中心等几乎都是必不可少的呈现物，但如何表现这些地标建筑，却是需要不断探索创新的。如学者所言，一部影像片作为一个整体的叙事结构，仅仅依赖一些"真实性"的物质景观作为基础是远远不够的，它必须以影像独

1.《习近平：人民城市人民建，人民城市为人民》，中华人民共和国中央人民政府官网，2019-11-03。

有的方式呈现这些物理景观；必须在多个影像元素间建立关系，以此建构出有关上海的"真实性"（孙玮，2014）。未来在形象宣传片的创作中，有必要发掘出这些地标景观作为城市空间的多重意义，进行内容叙事和表现形式上的延拓，体现出新的意涵，改变城市形象宣传片风格相似、创意雷同的现状。

（二）过于追求宏大唯美，"视平层面"关注不足

当前，各地的城市宣传片大多喜好采用类似"视听盛宴""形象大片"的美学形态，竞相以航拍的"上帝视角"呈现出"高大上"的一面；一些二三线城市也能通过影像手段的建构呈现出接近北上广深的大都市镜像。客观而言，这种创作方式能够高效展示城市的发展成就、繁荣壮观，对原本都市感较为欠缺的二三线城市是有明显效果的。例如2017年推出的《长沙24:05》，主创团队花了一年的时间，使用了20多万张定格照片、数百次航拍，带给观众强烈的视觉冲击与审美感受，向观众展示了不一样的长沙，在网络上反响强烈，上线不到一周时间播放量超过200万次。

这种依靠航拍、延时等特种拍摄手法的奇观化呈现对展现城市魅力毫无疑问具有强大的效能，也是不可或缺的，但过度凸显则容易带来两方面的不足：首先是忽略了从"视平层面"对城市的关注。所谓"视平层面"，主要是指人们在日常生活、步行中观察和感受城市环境的视角。"视平层面"的不足，导致所呈现的影像远离生活感受，所建构的城市形象则会悬空而不接地气。其次，这种单一美学形态充斥于各地的城市形象宣传中时，易导致观众眼中的城市面目雷同，无不是摩天高楼、美轮美奂、金碧辉煌、未来感十足。有研究者基于北上广城市形象宣传片的对比分析发现，在视听语言的制作方面存在风格相似、创意雷同、表现手法单一等问题（侯迎忠、闫瑾，2017）。这种漂亮画面堆砌的奇观美学初时令人惊叹，但因千篇一律而沦为文化工业时代的流水线产品，时间一长极易诱发审美疲劳，缺乏回味。可以理解城市宣传片创作者均希望能表现出城市最完美、最亮丽的一面，但由于创作取向一致且过于匠气雕琢，如此所建构的城市将是单向

度、单层次的，离普通观众则是比较遥远的，难以塑造出一个真实、立体、可亲可近的城市形象。

表1.3 四部上海城市宣传片中航拍/延时镜头的时长与所占比例

时长和比例/片名	灵感之城	创新之城	恒新之城	人人之城
总时长（秒）	303	268	263	87
航拍/延时镜头时长（秒）	53	118	136	40
航拍/延时镜头所占比例（%）	17	44	52	46

注：总时长均未计片尾时间。

具体到上海，从对四部上海城市宣传片中航拍/延时镜头时长所占比例可以看出（参见表1.3），除了较早推出的《灵感之城》（2012）中比例较低外，其他三部近年来推出的宣传片中所占比例已接近或超过50%。对比国外大都市的宣传片这个比例是很高的。例如，东京配合2020奥运会推出的城市形象片《古今相遇》（*Old Meets New*）等很少使用航拍，伦敦城市形象片《伦敦人》（*Londoners*，2019）中航拍/延时镜头比例为12%，在巴黎的迎奥运形象片《巴黎八分钟》（2021）中也只有25%左右。航拍、延时原本属于特种拍摄，它呈现了人的位置和眼力所不能至的景象，恢宏大气、穿梭变幻，因此在提供整体性、结构性信息的同时，具有独特的感染力和冲击力，如今已成为城市形象宣传片最为常用的拍摄方式。但是这类特殊摄影过度的使用，所呈现的是与观看主体实际关联甚少的视觉奇观、异常镜像，而非能够身处其间、可感可触的城市空间，精致的影像离人们的日常生活和实际感受越来越远，不利于对城市丰富多元的呈现。如林奇所说，空中旅游又一次使问题得到简化，因为从感知意义上，它能够在一瞥之间匆匆扫过整个大都市区，是一种静止而非动态的体验（林奇，2017：86）。研究者针对上海电影塑造城市形象的分析同样有启发价值：奇观化塑造过程中对商业气息以外的形象选择性弱化，使城市形象的传达趋于单一化、程式化，而且通常还是城市外化、虚化的一面，极大削弱了城市的立体形象，是对城市形象多元化解读的禁锢（谢珺，2016）。

在对外籍人士的访谈中，对于《上海，不夜的精彩》等以航拍为主的宣传片除了个别人表示肯定外，总体评价并不太高。

"航拍用的有点多，应该避免炫耀技术，更有控制地使用这种镜头。宣传片不是为了展示创作者的能力，而是为了介绍好城市。"（02/ 美）

"航拍太多的话，会感觉上海和其他城市差不多，没有特色。"（28/ 哈）

"很多高楼大厦的镜头我们不感兴趣，因为在其他城市也能看到。"（11/ 意）

"上海的摩天大楼确实是上海独特的风景线，航拍的确是最合适的拍摄手法。但是光看这个确实会有些无聊，也不全面，所以要结合点比较个人的拍摄手法。"（19/ 韩）

"我喜欢航拍和延时摄影的画面，但是要适量且在合适的场景中使用。比如当你在建造一栋建筑的时候用延时摄影，可以凸显建造的速度和高效率，那就是有意义的，而快速闪现的马路和行人的延时摄影画面就很晃眼，似乎没有什么必要。"（14/ 加）

"宣传片最大的一个问题是视角太单一了，过于聚焦成功商业人士的视角，也有点过于追求高级了。"（08/ 德）

上海作为国际大都市的形象早已深入人心，不必像二三线城市依赖航拍进行"拔高式"的形象建构，而应当在城市形象宣传片中探索和实践新的范式、手法和形态，体现出独特的城市风格和气质。

（三）集中聚焦当下时态，缺乏城市历史呈现

刘易斯·芒福德说："要想更深刻地理解城市的现状，我们必须掠过历史的天际线，去考察那些依稀可辨的踪迹，去了解城市更远古的结构和更原始的功能。"（2005：2）这是就城市研究而言的，但也同样适用于城市形象的建构。一座城市的核心价值不仅在于其所创造的物质财富和经济繁荣，更在于它所承载的精神根脉，这需要到纷繁的历史图景中去探寻。因此，城市形象宣传片所建构的城市应当是空间性和时间性兼具的，即不但让人们在空间变换中感受城市，还应帮助人们在历史线索中形成对城市的基本理解。过于集中于共时性而忽略历时性，亦是当前城市形象宣传片的共性特征。

外籍受访者普遍认为，除了在《中国名片·上海》《上海：灵感之城》中不同程度地看到了上海的历史景象外，其他宣传片中都是展现今天现代化的、快速发展中的上海，几乎看不到上海的历史。

"在宣传片里多涉及有历史意义的景点会很有帮助，展示上海不仅有丰富的现代化技术，也有丰富的历史。比如老城区和博物馆可能更有吸引力。"（03/美）

"上海的历史是很不为人知的内容，可以让观众了解一下，影片中可以稍微添加一些内容，来体现上海这些年到底发展得有多快。"（25/越）

"我很希望增加历史性的内容，比如原来的外滩、浦东是什么样子的，甚至再远一点，解放前的上海又是什么样子的，如果缺乏了对上海历史的挖掘，上海跟世界上的其他现代化城市好像也没有太大区别。"（30/土）

"现在的上海宣传片有点太突出变化了，但也可以展现很多值得保留的美的东西，比如老建筑、石库门等等。我发现，中国人常常觉得旧等于不好，我们外国人反而认为，那些旧的、自然的东西是美的。不是所有的改变都是好的改变，我们要保留自然的美。"（08/德）

有多人提到对北京的城市形象宣传片印象较为深刻，因为既有长城、故宫、四合院及胡同等传统文化景观，又有高度现代化的都市景观，两者形成了有趣的对比和对话，丰富了城市的面貌。

（四）组织拍摄痕迹明显，影响真实自然感受

城市形象宣传片虽然有符号化艺术创作的成分，但在整体上仍属于非虚构类影像，予以观者真实自然之感是很重要的。但在"奇观化"创作范式的主导下，为追求"高大上"的效果，一些宣传片中有过于明显的组织拍摄痕迹。例如《上海：灵感之城》中，一位企业家在谈判遇阻后，从高楼远眺城市，在整理思绪之后，最终与对手谈判成功，双方握手。这是标准的广告化拍摄；在《上海：创新之城》中，以金茂大厦为背景的"广场舞"场景中，阿姨们穿着颜色样式统一的服装，这和日常贴地气的景观迥异。虽然仅出现几个镜头，但对片子的真实感仍有损害。

上海作为国际大都市，在城市形象宣传片中出现外国人的形象实属正

常。但在深度访谈中有外籍人士指出一些令人感觉不真实之处。比如：

"《这一刻，在上海》中出现了欧洲面孔的外籍餐厅服务员，感觉是专门找的演员，不像是真的。有视频里出现了外国人在全家便利店里吃饭的画面，看上去比较奇怪，因为一般外国人尤其是游客几乎不会去全家吃东西。"（14/加）"一些视频中感觉是在硬加外国人，以体现上海的包容性。比如视频里中国人说了'欢迎入住'，马上又来一个外国人说，显得有些做作。"（26/俄）

在上海城市形象宣传片对于城市精神和品格的体现上，多数外籍受访人士认为，因为宣传片中的上海非常国际化，随处可见英文标识，而且科技元素很多（如智能机器人等），因此"海纳百川""开放""创新"都体现得比较明显，"追求卓越"也能从上海的快速发展、人们的奋斗努力中感受到，可以从视频中看到人们的合作精神、团队精神。多位外籍人士认为，宣传片在"包容"方面还可做得更好，例如可以适当展现多元族裔、残疾人群体，展示圣诞节等西方节庆活动，体现上海对于各种文化的包容。还可以增加一些中外文化的衔接转换，例如外国人在上海学习中文、中外人士共同参加的派对、中外合资企业的工作交流等画面，增强上海的国际化形象。

由于"开明睿智""大气谦和"的概念相对比较抽象，多数外籍人士表示很难从宣传片中看得出来。对于"开明睿智"，有人建议应该多展示一些上海的一流大学、博物馆，有助于强化这方面的形象。关于"谦和"这一点，一些外籍人士认为从宣传片中似乎看不出谦和，因为片子中有很多反映成就的内容。但如果片中过于强调发展，缺少人文视角，反而显得不够谦和。因此，在今后的城市形象对外传播中需对希望彰显的城市精神做一些分解和具象化的工作，且要更注重人本视角，使人可亲可近、可感可触。

第三节
向"人本化"创作范式的转型

事实上,关于"奇观化"创作范式及其弊端的批判性论述已有不少,但这种创作范式究竟源起于何处?通过跨学科研究可以发现,城市形象宣传片一定程度上受到不同时期城市发展规划理念的影响,但又存在不完全同步的关系。并非巧合的是,长期以来我国城市形象片的主流创作范式与现代主义规划思想(Modernism Urban Planning)基本一致。自第二次工业革命后,现代主义在城市规划中曾经长期占有统治地位,表现为更注重宏观尺度的规划,城市轮廓和建筑布局优先于生活空间,提倡汽车主导、功能分离等。体现在城市形象片中,则是以建筑景观的呈现效果为主,并在影像技术美学加持下,制造出一幅幅超越日常生活的奇观图景。在我国,由于城市形象宣传片主要源于经济改革进程中对外进行城市推广和营销的需求,且在此过程中伴随着跨越式的基础设施建设,因此在形象片中普遍形成了"奇观化"的创作范式。

然而,当今国内外城市的主流发展规划理念已经发生转变。随着二战后城市的迅速扩张,特别是特大城市的发展,引发许多知识分子的担忧。例如刘易斯·芒福德以"人性"和"有机"作为评判城市的两大原则。在他看来,特大城市在普遍化、机械化、标准化进程中会失去人性。城市的首要功能是满足人们的各种物质和精神需求,城市首先是人的城市。[1]列斐伏尔也对大规模、毫无节制的所谓城市化建设进行了批判,认为其除了利润最大化之外没有其他战略考虑,丧失理性和原创性。(2022:前言 21)

---

1. 李月:《刘易斯·芒福德的城市史观》,上海三联书店,2019 年 8 月版,第 144、145 页。

在此类观点影响下，发达国家的城市规划思想亦开始发生变革，并逐渐影响我国。

一、"新城市主义"规划思想的引入

（一）在西方国家的兴起

20世纪90年代初新城市主义（New Urbanism）在美国兴起，所针对的正是现代主义城市规划思想。它反对大城市的无序蔓延，倡导回归"以人为中心"的设计思想，重塑多样性、人性化、社区感的城镇生活氛围（王慧，2002）。"新城市主义"运动提出了公交主导、功能复合、适宜步行、注重个体感受等主张。这既是一场城市规划观念的变革，也是一次关于城市发展方向的思想运动。其核心参与者包括规划设计、生态环保、经济学、社会学及传媒界的专业人士，并且成立了非盈利性组织机构，发布了《新城市主义宪章》。其倡导者在许多城市进行了区域规划实践，明显改善了当地的生活品质与公众形象。如果说现代主义是以建筑、道路等物质形态为中心，新城市主义则是以人为中心，强调建设环境宜人、有人情味、与自然和历史相和谐的城市。近三十年来，新城市主义的影响力逐步扩大，当前在全球城市规划理念中已占据主流地位，这对发达国家的城市传播也产生了明显影响。

（二）对我国城市规划的影响

随着物质技术条件的改善和管理水平、思想观念的进步，我国的城市建设也受到"新城市主义"理念的深刻影响。研究者认为，"新城市主义"的核心理念诸如"公交为导向的开发""混合利用"及"良好的步行街道"，都非常适用于中国（彼得·卡尔索普、温锋华，2019）。在《中共中央国务院关于进一步加强城市规划建设管理工作的若干意见》（2016）、《城市居住区规划设计标准》（2018）等文件中，提出了优化街区路网结构、健全公共服务设施、恢复城市自然生态、建设步行生活圈等，这与"新城市主义"的基本主张相契合，其理念已被当今中国城市规划所普遍接受。

在对城市建设和城市治理的政治部署层面，党的二十大报告提出，坚持人民城市人民建、人民城市为人民，提高城市规划、建设、治理水平，加快转变超大特大城市发展方式，实施城市更新行动，加强城市基础设施建设，打造宜居、韧性、智慧城市。"人民城市"理念具有深刻的理论性和鲜明的实践性，为新时代推进以人民为中心的城市建设指明了方向，也对城市宣传、城市传播具有重要指导意义，未来都必须更重视城市发展的人文向度，注重"人"的幸福感和获得感。城市形象片很大程度上应当是城市发展规划理念和建设、治理实践的具象呈现。在上述大背景下，我国城市形象片的主流创作范式已显滞后，应探索从"奇观化"转向"人本化"创作范式，建构更具亲和力与人文关怀的城市形象，特别是上海这样具有指标意义的超大型城市。

二、城市形象片"人本化"转型的路径

（一）从"硬实力"到"软实力"

城市形象宣传片必须体现出城市形象的可识别性，而这种可识别性和差异化表达不仅体现于地标景观，更体现在城市的性格气质和文化内涵层面。概括而言，城市形象宣传片对城市形象的塑造，可以从硬件（硬实力）和软件（软实力）两大方面来进行。虽然两者在许多方面并无绝对界限，但大体上硬件（硬实力）主要是指自然资源、地标景观、经济商贸、科技创新、交通设施等方面，而软件（软实力）则包括城市的精神内涵、文化艺术、治理能力、宜居程度、市民素质等。长期以来，各地的城市形象宣传片都侧重于硬实力的展示，突出表现为大量使用特效画面展现城市的繁华绚丽，而在软实力方面则普遍体现不足。多年来，在城市化的大潮中，中国城市在硬件呈现上有逐渐趋同的态势，摩天大楼、流光夜景等谁都不缺，但"密集的建筑，尤其是现代化都市的广度和精致的技术都会模糊城

市意象"（林奇，2017：84）。相比起硬实力，软实力才是城市真正的底蕴构成，对城市个性的塑造也更为深刻。

如研究者所言，上海在城市发展已经取得重要成就的前提下，特别需要用软实力对城市形象进行新的赋能，对城市形象进行广泛的传播。[1] 过往的上海城市形象宣传片已经大量通过硬件（硬实力）的展示取得了良好的效果，但面向新时代上海城市形象塑造的使命，势必要更多地通过软件（软实力）来反映城市独特的个性和气质。

多位外籍人士在访谈中，也表现出对上海软实力呈现不足的关注。例如：

"由于宣传片过于专注于高科技和现代化的呈现，因此所体现出来的城市软实力并不太明显。"（03/ 美）

"宣传片中大多数内容是关于硬实力的，软实力感受到的较少，城市影像不要光讲'上海很发达'，还要讲'上海为什么很发达'。"（26/ 俄）

"感觉展示硬实力更多。可以多一些图书馆、舞蹈、歌剧等方面的画面，以展示软实力。"（07/ 法）

"现在能够强烈感受到的是上海的硬实力、城市财富的展示，而不是文化层面的力量，还是少了一些亲切感。"（25/ 越）

"我居住在上海，所以我知道上海有很好的城市治理能力，但是在视频中没有体现。"（13/ 爱）

"我会想看到关于上海的情感方面的内容，我觉得现在能够强烈感受到的是上海的经济实力，还是少了一些亲切感。"（25/ 越）

在多年来陆续发布的城市形象宣传片中，外滩的万国建筑博览群、陆家嘴的摩天大楼等地标都几乎已被拍到了极致，而城市丰富的软实力资源发掘却仍大有可为。例如，对上海的城市形象而言，其魅力来源除了经济区位优势，还有备受赞誉的规则意识。"遵守基本的行为规则，秉持法治思维和法治方式，是上海发展的一条隐形的准绳，是上海商业文明注重契

---

[1]. 名家访谈 | 胡键：《厚植城市软实力基础，需要提炼本土元素》，文汇客户端，2021年6月28日。

约精神的体现。我们看到缺乏契约精神的传统社会在上海得到改造。上海的治理故事，就是重新建立一套符合大城市精细化管理的制度，提升以宜居性为代表的软实力。"（徐剑、沈郊，2018：68）

概括而言，上海追求"海纳百川、追求卓越、开明睿智、大气谦和"的城市精神，具有"开放、创新、包容"的城市品格，在中国乃至全球城市中独具特色；上海是中西文明交汇、传统与现代相融的国际大都市，也是世界观察中国的一个重要窗口；上海被公认为城市治理高效精细、讲求实际，承载着"开路先锋、示范引领、突破攻坚"的期许；上海推动全新技术条件下城市治理模式的创新，在全国各省市中第一个提出建设智慧政府，实行"政务服务一网通办""城市运行一网统管"，持续打造市场化、法制化、国际化营商环境，全面优化综合服务环境；上海市民的法治思维、契约精神、规则意识较强，崇尚认真务实、理性自律，大量新上海人的融入亦对城市性格产生影响，体现在科学观念、人文素养等各方面；上海曾连续多年蝉联"外籍人才眼中最具吸引力的中国城市"，在引进外国人才的数量和质量上名列前茅。

以上都是上海宝贵且必须传承延续的软实力资源，当前，上海建设习近平文化思想最佳实践地，打造文化自信自强的上海样本，更需要凸显文化软实力。未来如何在城市形象宣传片中得以充分体现，使硬件和软件有机结合，塑造城市有机整体，是宣传管理部门和城市影像创作者需要重视的。对此，一位美国媒体顾问的建议简单而又耐人寻味："软实力应该比较'软'，吸引人最好，不要太硬性做作。"（02/美）

（二）从"重建筑"到"重生活"

城市形象宣传片除了展现城市的物质形态外，还应呈现出城市精神和品格，因此要处理好"物"与"人"的平衡。如研究者所言，人的存在是城市得以存在的基本前提条件，是城市的主体。城市市民"共同人生"的特点，构成了城市精神的重要维度。城市精神即生活在城市中的普通人的精神（李忠，2019）。我国的城市形象宣传片常常呈现为华丽建筑的展演，但对"人"的因素体现不足,且一些市民的形象被"道具化",不自然不真实,给观众感觉只是城市或场景的附属品。

长期以来,现代主义城市规划主张从上面和外面的角度规划城市,以大轮廓、建筑、空间的次序进行,总体规划流程是"建筑—空间—生活",给建筑最高优先权,而忽视了人性化维度。当前不少的城市形象宣传片正是这种规划理念的反映,追求"大而全"的视觉奇观。而新城市主义运动提倡从下面和里面开始规划,因而凸显了人性化维度。《人性化的城市》作者、丹麦学者扬·盖尔认为,基于人性化维度的城市规划所遵循的原则应该是:首先是生活,其次是空间,最后才是建筑(即"生活—空间—建筑"),为了设计出人性化城市,必须以城市生活和城市空间为出发点(扬·盖尔,2010:198)。对比两者的流程,空间都处于中间位置,但现代主义侧重物理属性,而新城市主义兼顾人文属性。依据列斐伏尔的空间生产理论,城市空间是感知的、构想的与亲历的"三位一体"的空间,本质上是物质、精神和社会元素的统一体。研究者认为,空间有它的物质属性,但是它绝不是与人类、人类实践和社会关系毫不相关的物质存在,反之,正因为人涉足于其间,空间才具有了深刻的意义(高春花,2011)。我国城市形象片也应探索从以建筑景观的展演为优先,向反映市民生活为优先转换。在空间呈现方面,从聚焦自然物质空间到更为注重对城市空间精神性、社会性的展现。人既然是城市空间的创造者,理应在对空间的影像建构中起到不逊于"物"的地位。

"生活"是人性化城市规划的第一关注点,也是对城市进行人性化呈现的首要内容。近年来,国外不少优秀的都市形象片很注重对人们日常生活与个人体验的描绘。例如东京城市宣传片《魅力东京》(*Unstoppable Journey*, 2018),就分别以一男一女外国观光者的视角开启了城市之旅,富有东京特色的各种元素,如茶艺、居酒屋、深夜食堂、胶囊公寓、传统服饰、特色小吃、购物逛街、观看演出等生活化内容浓缩呈现,将个人体验与城市景观做了丰富的对接。在伦敦城市形象宣传片《伦敦人》(*Londoners*,

2019）中，有少量航拍和酷炫镜头作为开场和转场使用，更多呈现的则是一个个普通人的生活，包括在地铁、街道、滑冰场等城市空间的真实状态，修鞋匠、花市商贩、书店老板、写字楼白领等的工作画面。此外，还有人们的休闲娱乐、运动表演、恋爱社交等，各种城市地标建筑符号是上述市民活动的背景而非主体，展现出浓郁的生活场景和人文气息。该片最后以一位女子在地铁中未赶上车而结束，展示了特有的英式幽默，赋予片子个性化的表达。此外，片尾鸣谢了所有支持该片制作的伦敦人，既建立起城市与公众的情感连接，又增强了影像内容的可信度。

伦敦城市形象片《伦敦人》（*Londoners*, 2019）以一名女子未赶上地铁的生活化场景结尾

在我国，一些城市形象宣传片的制作也体现出人本化的趋向。如武汉市文化和旅游局 2020 年出品的城市宣传片《相见在武汉》，通篇采用不同市民在城市各类特色空间中工作、行走、拍摄、休闲、感受的方式，来串联起城市的整体景观。该宣传片画面精致、角度丰富，但并未像传统宣传片大量铺陈航拍和延时镜头，而是凸显一种个人化、家庭化的体验，体现出了弥漫在城市中的情感和温度，颇具感染力。未来形象宣传片的创新方向，将愈来愈体现出摆脱传统、定式、恢宏的介绍模式：将国家（城市）宣传的"大格局"与人们日常生活的"小确幸"相互交织在一起，增加宣传片的可接近性，充分发挥传播的共情性（蒋欣、叶阳，2018）。总之，需在城市形象宣传片创作中调整过于集中展示地标、高楼等硬实力的偏向，更为注重凸显市民的主体性地位和对城市空间的参与，体现打造宜居的生活环境和对人的关怀。因为，"城市设计的核心是人，生活在其中的居民

是唯一的评判者"。[1] 对此，受访外籍人士亦从自身感受提出了一些建议：

"我觉得可以多体现一下在上海生活有多便利，比如在日本电子支付还不是很普及，出门都要带很多现金和卡，但是在上海出门只要带一个手机就可以了。我觉得这一点很吸引人，原来生活可以这么便利。"（16/日）

"上海的一个特点是生活便捷、选择多样，比如展览、演出、夜店等，大家都能找到自己喜欢的东西，把这些多样的选择和生活中的便利（交通、快递、外卖等）展现给观众，会比较有吸引力。"（22/新）

"现有宣传片有点偏高大上，普通人生活化的内容比较少，比如上海的小笼包、葱油面这些小吃，以及晨练、广场舞、社交方式等比较能体现生活的日常，可以适当有所体现。"（14/加、27/波）

"比如同样是拍外滩，可以拍一些家庭、情侣一起看外滩这种温暖的镜头。让大家感受到上海不只是可以赚钱的地方，也可以有陪伴、温暖的感觉。"（25/越）

"关于城市治理能力，上海的整洁和安全度是让我印象深刻的，可以考虑用镜头语言来表现，比如我可以在咖啡厅很放心地把电脑放在座位上去点单，晚上走在上海的街道上也非常安全等。"（12/荷）

根据对上海城市形象宣传片的文本分析，直接体现生活便利、特色美食、有烟火气、富有情感、安全宜居的画面均较少，对地标景观的拍摄重"物"不重"人"，因此从"重建筑"到"重生活"可以成为今后重点改进的方向。如近年黄浦江沿岸45公里滨江公共空间贯通开放，苏州河中心城段42公里滨水岸线贯通开放，打造"一刻钟便民生活圈"等，都是能体现上海居民生活品质的特色内容，应当在城市形象片中以贴近居民的方式呈现。

（三）从"鸟瞰者"到"行走者"

现代主义思想注重大轮廓的城市规划而忽视微观尺度，技术上则较依赖航拍和延时镜头的俯视与远观。比起现代主义高度强调城市的宏观整体效果，新城市主义更为重视微观效果即个人的感受。如果按"生活—空间—建筑"这一次序规划，那么肯定是要始于"视平层面"，止于"鸟瞰视角"（盖

---

1. 王一：《软实力"加速"，一座城市才会有未来》，上观新闻，2021年8月7日。https://export.shobserver.com/baijiahao/html/393479.html.

尔，2010：198）。按照盖尔的观点，如果一座城市在空中鸟瞰时布局很美，但到"视平层面"却乏善可陈，使人们感到不适和不便，那么其城市规划就是不够人性的。如巴西首都巴西利亚的规划就是如此。我国学者也指出，从形体主义转向人文主义，将宏大的"空中视角"转变为贴近人民生活的"地面视角"，将单一资本驱动的企业城市转变为把人民综合利益放在首位的"人民城市"，将是不可阻挡的世界潮流（徐锦江，2021）。在"人民城市人民建，人民城市为人民"深入人心，城市规划日益重视民众幸福感和获得感的今天，城市形象宣传片需要在创作上进行转型，更具人性化和贴近性。

盖尔认为，如果一定要忽视一个或多个城市规划尺度的话，无论如何不要忽视小尺度，也就是人性化景观。人们感兴趣的不是城市的大尺度线条，不是壮观的建筑布局，而是人们在行走、停留时直观体验到的人性化景观质量（盖尔，2010：207）。同样，城市形象片要更充分地呈现人性化景观，就必须有更多小尺度的视角而非大尺度的航拍、延时，而行走是体现小尺度视角的最好方式。而且，在行走中观察能凸显个体的主体性地位，体现普通人所感知的生活图景和城市性。如此，城市形象片的叙述主体应当从假器性的虚拟主体"鸟瞰者"变换为活生生的"行走者"。

19世纪法国现代派诗人波德莱尔在其著作《现代生活的画家》中创造了城市"漫游者"（或称"闲逛者"）形象，这一形象代表了一些生活不愁、品味不俗、且不愿受世俗约束的知识文化界人士，他们似乎漫无目的地流连于巴黎的各个角落，但有意识地观察、感受、品味瞬息变化都市中的细腻和深沉。波德莱尔因而称"漫游者"的原型法国漫画家康斯坦丁·吉为"现代生活的画家"。本雅明认为，这个社会主体在都市商品文化急速发展的背景下被赋予了新的感知模式，包括观察那些由新都市空间与媒介技术所创造的景观。他指出，记者—闲逛者是都市的观众或都市生活的"相面师"，将大都市空间视为一个娱乐景观，同时也视之为文本。[1] 由此本雅明开启了

1.[韩]康在镐：《本雅明论媒介》，孙一洲译，中国传媒大学出版社，2019年版，第42—46页。

"行走城市"的理念，与"文本城市"观形成了对照（孙玮，2020）。通常"奇观化"叙事的城市形象宣传片所提供的正是纯粹的表征再现过程，缺乏人们具身参与、实践的体现。城市形象片的制作者可以将城市"漫游者"概念转化为积极的、有意识的城市"行走者"，探索通过行走者的敏感体验和人本视角来呈现城市的魅力，在宏大全知的视角、奇观呈现的惯习之外探索新的表现方式，使观众对城市获得更为真切的认知。

具体而言，行走者的选择可以是明星名人。明星人物对社会公众特别是年轻人群具有天然的吸引力，然而使用明星并非一定需要其带着光环出演，那和商业广告无异，而是要使其成为一种人文观察视角的承载体。韩国的城市形象片经常邀请演艺明星或组合参与，如 K-POP 男团防弹少年团、女子组合 aespa 成员 KARINA（柳智敏）等，他们通过自身的行动和体验来介绍首尔的热门景点、传统和时尚元素，吸引了大批跨国粉丝群体关注，并将对明星的喜爱投射到首尔这座城市上。丹麦哥本哈根官方旅游局推出的一条宣传片《在哥本哈根的另一天》（*Just another Day in Copenhagen*，2020），以哥本哈根首席城市建筑师 Camilla van Deurs 的个人视角，通过其工作、骑行、购物和与朋友聚餐的一天经历，串联起城市的各种特质。

行走者也可以是外来人，用"他者"的视角观察城市，获得更为直观的感受。例如，张艺谋导演的形象宣传片《成都，一座来了就不想离开的城市》（2003）中，借助一个外地的男子为了探寻奶奶的梦想而来到成都，用 DV 拍下了在成都期间的所见所闻及所感所触，深刻地表现出成都独特的精神气质——"和谐包容"。有受访外籍人士认为："如果旨在国际传播，可以用拍摄外国人的形式来展开一个宣传片，记录他们在上海是怎么跟当地人交流，怎样学习中文，平时经常去哪些地方观光旅游，在上海的生活状态如何，这样会更有效地引发外国人对上海的好奇心。"（31/巴西）有受访者提到了 *Shanghai Through Our Eyes*（2021）这部短片，该片通过居住在上海的英国纪录片导演柯文斯的视角，讲述了他对上海及中国发展的印象，正面体现了国家和城市形象且平实自然。

当然，行走者也可以是普通市民或长期居住者。如 2012 伦敦申奥宣传片 London 2012 Promotional Video 并未展示高楼大厦，也少见全景式

2012伦敦申奥宣传片中串联全片的奔跑女子形象

的铺陈，而是以一位跑步的普通市民作为行走者。女子奔跑在城市的大街小巷，串联起 24 个场景，涵盖了各行各业中的奥运元素。宣传片的结尾是一位建筑工人在工地表演撑杆跳，结果在水泥池里砸出了人形，全片以工人满脸是泥的憨厚笑容结束。这种注重生活美学的叙事方式，把运动与城市文化、城市生活联系起来，让观众感受到伦敦这座城市对奥林匹克精神的认同和传承，同时也刻画出伦敦包容、多元、热情的城市形象。London 2012 Promotional Video 在全球范围广受好评，成为奥运宣传片也是城市形象片的经典之作。

进入新世纪，西方不少城市重塑的城市空间反映了一种对发展的理解，"即城市必须通过设计来邀请和吸引步行交通和城市生活"（盖尔，2010：29）。当今世界，随着城市规模的扩展，可持续发展深入人心，在城市形象宣传片中增强环保意识、重现步行力量、体现城市温度是很有必要的。越来越多的都市人愿意利用闲暇时光，抛却代步工具，以自己的脚步丈量城市、感受城市。媒体机构也涉入市民行走活动的组织策划和内容生产之中。例如，2020 年 6 月，澎湃新闻"城市漫步"栏目发起了"沿苏州河而行"活动，这个漫步小组由写作者、研究者、普通市民和志愿者组成，一共进行了 8 次城市漫步活动，关注两岸的影像呈现、历史地标、公共空间、

生态环境等。如果将城市形象宣传片的创作与此类城市漫步活动相结合，以行走者的轨迹和视角展现城市的风貌，比起通行的以大量航拍、延时画面制造视觉奇观的宣传片而言，更能体现出上海"建筑可阅读，街区可漫步，城市有温度"的城市发展理念，也更能体现出以人为本而非以物质为本、可感可触而非超越日常的具身实践，充分表达人们拥有诗意栖居的美好家园的追求，因此或许是未来城市影像创新的一种探索路径。

　　越来越多的城市将"人"视为最宝贵的资源和一切发展的价值旨归，重视城市规划建设中的人性化维度，这在城市形象传播中理应得到充分的体现。因此，城市形象片的创作范式应探索从"奇观化"向"人本化"转型，调整过多使用虚拟主体、上帝视角，过于集中展示地标建筑、硬件资源的偏向，更为注重对市民生活、城市人文软实力的发掘。更多尝试将大叙事和小叙事相结合，通过身体行动、个性视角"下沉"，以平视、近观等小尺度来呈现城市镜像，凸显市民主体性地位和对城市空间的参与。反映宜居的生活环境和对人的关怀，展现"凡人心""烟火气"的人性化体验和更丰富的城市性，体现着力打造良好人居环境、彰显城市软实力的实践，显露打动人心、更有温度的"城市表情"。当然，人本化创作范式并非完全排斥奇观化影像，但主次轻重关系应当重新审视和调整。未来城市形象片应摆脱恢宏、物性的介绍模式，回归对城市的主体——身处其中的居民及其生活状态本身的关注。

第四节
时间、空间和类型的拓展

随着先进摄制技术的普及,高品质的影像呈现已经成为常态,国际大都市的形象宣传片无论是恢宏大气还是生活化呈现,无不致力于创意的比拼,这本身就是城市软实力的体现。纵观这些创意,既有时间维度的延展,也有空间维度的巧思,还有表现形态上的创新。相比之下,国内的大多数城市形象宣传片已趋于模式化,虽美轮美奂、制作精致,但创新贫乏,亟须走出思维定式,激发创意想象,注入新鲜元素。上海作为中西文化交汇的国际大都市,应当在城市影像创作中更为注重激发和展现创意,引领城市形象宣传片观念和手法的进一步创新。

一、历时态叙述

形象宣传片是以共时态的空间场景转换为主,但历史的维度并非可有可无,因为城市形象本就包含了历时态,是具有流动性和变易性的。有研究者认为,所谓城市形象,是指能够表现城市现在的生存状态和实践意义、过去的历史风貌和文化脉络、将来的发展方向和创新理念的感性综合形象(章雄,2020)。在一些取得较多好评的国际城市形象宣传片中,历时态讲述及跨时空互动成为亮点。如日本东京为迎接 2020 奥运会制作的城市形象宣传片《古今相遇》(*Old meets New*, 2017)中,以"古今相遇"为线索,采用了左右对称分屏的镜面形式,讲述江户时代和现代的两个东京。片中通过不同人物的活动,将历史与当下的场景并置、对比,包括榻榻榻米与席梦思、和服与西装、剑道与电游、招财猫与hello kitty、浮世绘与初音未来、五重塔与晴空塔等多组视觉文化符号，勾勒出东京传统与现代交织的特征。此外，同系列概念短片 Tokyo Logo Concept Movie 以和服少女手持毛笔、舞出黑色毛笔字体象征着传统东京，以自动机械臂通过喷墨探头写出印刷字体象征现代东京。宣传片通过文化符号的历时性变迁反映城市和时代的变化，富有艺术性和叙事性，呈现出一种跨时空的互动感和对话感，体现出东京深厚的传统人文积淀和充满现代活力的城市形象，推出后获得了较高的评价。

东京城市形象片 Old meets New（2017）的"古今相遇"创意

国内也有少数注重历时态叙述的城市形象宣传片，以武汉城市形象片《大城崛起》（2016）为例，该片时长9分钟，以"变"为结构主线，在影像文本中历史、现实和未来并重，诠释独特的城市基因。宣传片的开场即从历史元素进入："江汉关钟楼，和上海关一样，每天回荡着威斯敏斯特教堂的旋律，历数着她曾经的沧桑。"片中简要回溯了张之洞兴办铁路军工、辛亥首义开启共和、毛泽东与武汉长江大桥的故事，此外还有汉水改道形成汉口、高山流水遇知音等历史元素，与现实相穿插。该片以密集的解说词串联，手法显得传统，但通过历时态、跨时空讲述构筑起立体化的城市形象图景，予观众人文深厚之感，取得了良好的传播效果。

上海同样有着悠久的历史积淀：松江广富林遗址的发现填补了长江下游新石器时代晚期文化谱系的空白；上海地区现存最古老的建筑物——松江唐经幢已有1100多年的历史；上海在唐代属华亭县，宋代始设上海镇，宋元时期因海运发达、对外交往频繁，经济文化得到迅速的发展；鸦片战争开埠后随着移民的涌入，逐渐形成富有活力的现代化都市。可见"上海"地理区域概念的形成并非只限于开埠之后，而是有一个漫长的发展演变过程。所谓"百年中国看上海"，上海更是近代中国的缩影，在中国革命史中也占有举足轻重的地位。毛泽东亲自修改的新华社社论《祝上海解放》中，称上海是"近代中国的光明的摇篮"。当今，上海要塑造城市软实力的神韵魅力，均离不开依靠城市影像进行历时和共时相结合的讲述，包括反映对城市文脉、历史遗存、工业遗迹、水乡古镇的保护利用，对戏曲曲艺、民间艺术、手工技艺等非物质文化遗产的传承发展等。例如，杨浦滨江段从过去的"工业锈带"变成了今天的"生活秀带"，就生动体现了历史和现实之间的对话。正如全面提升上海城市软实力《意见》中所提到的，要努力使典籍中的上海、文物中的上海、遗迹中的上海在穿越时空中活态呈现。为此，上海城市形象宣传片是重要的表现载体之一。

在历年的上海城市形象宣传片中，外籍人士对《中国名片·上海》（2011）这个片子肯定的频率较高。该片由上海市政府新闻办与新华社联合出品，采用"图片电影"的手法，通过20世纪二三十年代上海街景与后来同一地点的对比，反映上海中西交汇、传统和现代并存的城市文化。有超过一半的受访者提到，比较喜欢这个短片新旧交融的方式：

"只有这个片子将过去的上海和现在的上海放到了同一个画面中进行比较，让人更能体会到上海是怎么从过去一步步走到现在的。从人的变化到城市的发展，它都有涉及。"（30/土）

"以一种对比的形式呈现出了现在和20世纪二三十年代的上海，看到这

《中国名片·上海》（2011）中的历时性转化

些影像我尤为感叹，因为我之前对老上海城市面貌没有一个具体印象。"（32/巴西）

"这个视频拍的概念非常好，而且很有艺术感。同样是拍上海的发展，这种形式更有力、更强烈一些。"（08/德）

总之，上海是一座有着深厚历史内涵的城市，上海文化以红色文化、江南文化、海派文化为底色，同时又成为多元文化的"容器"。虽然形象宣传片通常篇幅不长，但是适当地增加历时态叙述及历史和当下的对比互动，有利于人们对上海城市形象构筑起更为完整、丰富的认知。

二、空间的拓展

空间的精心选择和巧妙组合，是城市形象片创意的重要体现。如《巴黎八分钟》（2021）开场不凡，艺术家们在各类有代表性的城市空间穿插演奏《马赛曲》，最后一小段由法国宇航员 Thomas Pesquet 在国际空间站用萨克斯吹奏。片子通过"天地"之间的呼应，给予观众跨越时空的共情体验，令人感叹于法式优雅和巴黎的浪漫博大。城市形象宣传片的时间篇幅较为有限，因而对所展现空间的选择十分重要。除了惯用的地标景观外，一些具有鲜明城市特质的区域也不应忽略，特别是富有历史文化底蕴的空间。研究者认为，"历史地段"是城市的价值与城市人的心理归宿要素，是城市记忆的物化形态。正如上海的主要符号之一是石库门一样，这种独特的"历史地段"是城市的印迹，具有独一无二、无可替代的特性（张鸿雁，1995：27-29）。多位外籍受访人士认为，很多形象片中只出现了上海市中心的建筑，一些很繁华的地区，其实并不足以代表整个上海。一些人描述了他们的感受：

"我很喜欢上海的旧法租界那片区域，我有很多朋友都觉得那里很美，不管是街道还是人文气息都让人心驰神往，但我几乎没有在这些宣传片中看到那个地方。如果要吸引国际人士的关注，感觉还可以对这些有特色的区域展示得更丰富一些。"（14/加）

"我很少看到关于田子坊的介绍,我觉得每次走进田子坊的小巷中会感到放松和舒适,听不到很喧嚣的声音,这些我觉得是所有人都能获得共情的。"(15/加)

"上海也有很多小街、老建筑,我个人很喜欢。除了表现高楼大厦、经济中心、交通枢纽之外,应该让来到这座城市的人感受到欢迎,展示不同的场景,可以帮助他们想象在这座城市的生活。"(07/法)

"这些城市宣传片的关注点很接近,有点千篇一律,例如一些具有上海地标特征的场景。我希望可以更全面一点。我眼中的上海不仅仅只是一个经济发展很快的国际大都市,它的文化和历史方面会更吸引我,而且当我走在新天地或者是田子坊的路上,就感到很喜欢上海的老弄堂,所以我很希望可以在宣传片中看到一些历史的身影。"(29/伊)

此外,城市形象宣传片不应局限于中心城区,而应有更广阔的空间影像呈现。早在19世纪末,英国社会活动家霍华德就提出了"田园城市"的理念,"人们的生活应该不只有城市生活和乡村生活两种方式,应该有第三种选择,即将城市生活的生动活泼和乡村生活的优雅快乐等优点完美结合起来"。[1] 二战以后,伴随着城市人口的增长、规模的扩充、布局的拥挤,为缓解中心城区的压力,城市要素向外围扩散,郊区化发展成为一种趋势。刘易斯·芒福德在"田园城市"基础上提出了区域城市的构想,主张大中小城市相结合、城乡结合、人与环境相结合。[2] 尽管上述理念带有鲜明的理想主义色彩,但营造更为生态、宜居、美好的城市环境一直是城市规划者和研究者的目标。

城市研究学者认为,在我国城市竞争力水平总体提升的同时,一些超大、特大城市的城市布局仍待优化,目前不同程度地存在总体规模大、核心区密度高、空间人口分布不合理等问题。[3] 上海作为中国第一大城市,也

---

1. 李月:《刘易斯·芒福德的城市史观》,上海三联书店,2019年版,第133页。

2. 汤铭潭、谢映霞、蔡运龙等编:《小城镇生态环境规划》,中国建筑工业出版社,2007年版,第130-131页。

3.《社科院:我国城市竞争力水平总体有所提升》,中国经济网官方账号,2021年11月3日,https://baijiahao.baidu.com/s?id=1715361000245337803&wfr=spider&for=pc。

面临这一问题，并正以更高的发展站位，促进各类要素的自由流动和高效配置，积极推动非核心功能的疏解。在全面提升上海城市软实力的《意见》中，亦有关于新型城市空间的要点表述，提出"把嘉定、青浦、松江、奉贤、南汇等五个新城建设成为引领潮流的未来之城、诗意栖居之地，让工作、生活、扎根在新城成为人们的优先选项"；"把乡村打造成为大都市的后花园，让珍视乡村、回归乡村、建设乡村成为新潮流"等。原有的上海城市形象宣传片过于聚焦于地标景观和市中心区域，空间上较为局限、不够打开，随着上海城市发展版图和功能的演变，未来城市形象宣传片应当在空间上更显开阔和拓展，适当增加对新兴城市空间的呈现，构建出新时代"大上海"的全新面貌。

三、多元化类型

目前，国内城市形象宣传片的主流模式仍属于广告大片类，即主要通过标志性的景观、唯美精致的镜头、富有渲染力的音乐来展现城市面貌、推广城市资源、塑造城市形象。上海的城市形象宣传片也不例外，虽然保持了较高的制作水平，但在创意上仍需提升，类型上也有必要更为丰富。一些外籍人士亦认为，目前所呈现的形象片还是比较传统，缺少更有趣的、生活化的呈现，可以尝试些新的方式来推广城市。综合国内外的城市影像实践，城市形象宣传片还可有不同的类型和形态，除了常见的广告类形象片外，还包括纪实类、MTV类、快闪类、动画类等。

（一）纪实类形象片

纪实类宣传片以朴实无华、不事雕琢、真实贴近的记录为最主要特色，基本放弃了航拍、延时及大量特效所建构的宏大叙事、唯美呈现，而是寻求小中见大、见微知著、富有意味。有外籍人士提到，纽约曾经推出过一条形象片，不同肤色、种族的人们对着镜头喊"我爱纽约"，持续一分钟左右，简单有效，深入内心。纽约的城市标语"I Love NY"也能在大街小巷的建筑和店铺中的众多文创商品如服装、杯子等上看到，引起人们的共鸣。在我国，纪实类形象片非常少见。张艺谋导演的《成都，一座来了就不想离开的城市》虽为演员扮演，但系以纪实手法拍摄，朴实无华却广受好评。关于上海的相关案例是由上海国际电影节举办的"爱上海"微电影大赛参赛影片《天台》（导演程亮，2012），该片借鉴了默片时期的复古纪实手法，未采用炫技式的特效和航拍镜头，美学风格独特，讲述的是一个由几位年轻人组成的"看天台兴趣小组"寻找上海最美丽天纪实台，反映了普通市民真实鲜活的日常生活图景，也提供了观看东方明珠、外滩等标志性城市景观的另一种视角。该片由于并非正式的城市形象片，传播度和影响力有限，但为城市形象片的创新提供了启示。

《天台》（导演程亮，2012）借鉴了默片时期的复古纪实手法

有外籍人士建议：

"用第一人称的镜头拍在上海的一天，更直观，让人更身临其境。"（28/哈）

"可以尝试加入采访的形式，邀请人们用词语形容上海。"（7/法）

"让影片里的人们讲述自己与上海的故事，哪怕是很小的故事可能也有巨大的能量。"（12/荷）

总体上纪实类宣传片比较少见，但其质朴的美学风格具有独特的感染力，较适合反映城市生活中的典型场景，讲述普通人的情感故事，发掘出平凡中的不平凡，并提炼到城市精神、城市品格的层面，体现出城市的软实力。

（二）MV 类形象片

MV 类形象片使音乐从辅助性元素转变为和画面并列的主体性元素，通过听觉性的凸显及声画紧密配合形成的增强效应，提升形象宣传片的感染力。2016年8月，上海市旅游局、上海广播电视台联合推出了旅游形象宣传MV《我们的上海》，同名主题歌由上海本土歌唱组合"力量之声"演唱。2021年4月，MV城市宣传片《遇见上海的美》推出，音乐以"流行+Rap"为元素，画面将宏观与微观相结合，呈现出一幅幅城市生活和经济发展富有生机活力的图景。

《感受韩国节奏》（*Feel the Rhythm of Korea*，2020）中的歌舞表演

但是也应看到，要制作出令人印象深刻的MV类宣传片，常规的歌曲贴画面模式已逐渐落伍，需要有全新创意和策划的注入。例如，由央视制作的杭州G20宣传片《喜欢你在一起》由不同年龄、国籍、职业的民众和名人合唱一首《喜欢你》的歌曲，表达出对生活和未来的憧憬；韩国旅游发展局推出的形象片《感受韩国节奏》（*Feel the Rhythm of Korea*，2020），对首尔、釜山和全州三个城市进行宣传。片中将韩国传统国乐"板索里"进行现代化混合改编，多位服装各异的表演者在城市知名景观穿行表演，给观众带来视听新奇感。*Feel the Rhythm of Korea*上线5个月，全球点击率便已超过3亿次，体现出观众对该片"本土化和现代化相融"的认同。未来MV类形象片需显现出更为多元的展演性，追求编曲、演绎和意境营造的新颖独特、富有创意。

（三）快闪类形象片

快闪（Flash Mob）于21世纪初兴起于美国纽约，后迅速扩展到欧洲、亚洲各国。快闪本是一种人们经过网络联系参与、无明确组织的、在约定地点发生的短暂行为艺术形式，后逐渐被纳入专业机构的主题性影像生产中。这种"快闪影片"在表现形式上需凸显即兴创作的特点，而实质上则经过精心的策划和组织。由于快闪本就起源于城市，带有极强的都市网络文化基因，因此也很自然地被运用于城市影像生产和城市形象塑造之中。

例如，海口推出的城市形象宣传片《燃！海口》系列（2021），包括《燃野少年的天空》《为你夸下海口》等，就以快闪为特色，采用的是在海口地标建筑骑楼老街、网红打卡地云洞图书馆中进行歌舞表演或无伴奏合唱的方式，在镜头运用上则放弃了蒙太奇手法，而是以一镜到底的新颖形式展示海口的现代、活力、时尚，实现了良好的网络传播效果。2019年庆祝国庆70周年期间，上海各区开展了《我和我的祖国》快闪MV展播活动，体现各界群众的广泛参与，表达对祖国和城市的热爱，呈现了上海崭新的发展面貌。《我和我的祖国》快闪MV展播活动社会反响热烈，但上海迄今尚无快闪类的城市形象宣传片，因而这是未来值得开拓的一个领域。

2019年上海开展《我和我的祖国》快闪MV展播活动

（四）动画类宣传片

动画是城市宣传片中一种特别的形式，过去极为少见，但近年由各地官方发布的此类作品逐渐增多。动画类宣传片的优势在于不受实拍条件和影像资料的限制，长于反映历史内容。例如《水墨南京》《仙境海岸鲜美烟台》就采用了全动画的形态，讲述了城市悠久的历史。动画宣传片的另一大优势是可以呈现出鲜明的"二次元"风格，较适合网络文化语境，吸引青睐潮、酷的青年人群。例如，青岛推出的《青春·青岛》通过一个会飞翔的卡通小天使形象"青青"，以动漫和实景的虚实结合，展现了青岛的标志性景点和独特的城市魅力；G20杭州峰会旅游官方动画宣传片《欢迎来G20杭州》，由BBC国际新闻台创意团队制作，融入了一批杭州特有地标、景点的动画形象，配以"民谣+说唱"的英文歌词，向海外民众发出杭州的邀请。

在网络平台上，也出现过以动画形式介绍上海城市发展的作品。例如，2011年上线的英语动画短片《十分钟，让你了解上海》，沿着上海开埠以来的时间线索，从经济、交通、食物、社会生活等方面，较完整地向外国人进行介绍。这是一部个人化制作的动漫片，虽非严格意义的形象宣传片，但通过互联网的广泛流传，对城市形象亦有独特建构作用，凸显了动画形式的传播力。制作者金以诺在接受采访时说："上海的宣传片都是高楼大厦、白鸽、气球，多少有些审美疲劳，我的这个视频幽默好玩一些，也算是让大家多一个热爱上海的理由吧。"[1] 在"二次元"文化兴盛的网络时代，动画类的城市形象宣传片值得探索，以吸引更多青年人群的关注。

在对外籍人士的访谈中发现，为追求创新而采用过于先锋前卫的表现手法，其实传播效果并不理想。在上海的城市宣传片中，有一部《行走上海》(*Walk in Shanghai*, 2015) 由加拿大城市品牌策略创意工作室JT Singh与上海市旅游局合作而成，试图通过一位外国旅行者在城市中与人群的"逆向行走"，体现出基于异质文化和"他者"视角的行走者在上海大街小巷中的独特体验，展现上海的文化和风情，这是一种人本化的创意。然而，

动画短片《十分钟，让你了解上海》（2011）制作简单，但很受网友欢迎

1.《80后十分钟上海视频走红　幽默好玩只想引起共鸣》，中国新闻网，https://www.chinanews.com/cul/2011/12-23/3555043.shtml.

该片在技术上实验色彩较浓，给人印象更为深刻的是主人公"逆向行走"的特效镜头，而对城市的展现则较为表象化。有多个受访者提到了对《行走上海》的看法，除了个别专业人士对创意表示肯定外，大多数人表示了对制作手法的不太理解。

"《行走上海》意义不够明确，不知道具体想要表达什么。"（10/意）

"不太喜欢《行走上海》，觉得形式盖过了内容，这种形式有内在含义，但让人很困惑。"（06/英）

可见前卫的风格虽然富有创意，但从传播效果而言却未必能够大众化、普适化。

四、国际传播角度的多模态改进

城市形象宣传片是一种融合了不同来源图像、声音、语言、文字、色彩、动作的多种符号模态的话语文本。任何一种模态都可能影响到传播效果，特别是对具有文化背景差异的外国观众而言。在访谈中，外籍受访者也从不同模态的角度提出了一些看法和建议：

（一）画面选择应更具上海的标识性，剪辑节奏还可优化

有外籍人士认为，宣传片的时间很宝贵，但不少镜头缺乏标识性，和其他国外发达城市差不多，模糊了上海的可辨识度。这种辨识度有时可以是很细微的。"《这一刻，在上海》中有咖啡店的画面，但普通观众从画面中看不出那是'上海的咖啡店'，并没有突出上海特色。"（14/加）宣传片中有一些不太精致但贴近生活的镜头倒让外籍人士印象深刻："我很喜欢片子中的一个镜头，穿过一个小区，小区里其实不太整洁，道路也很拥挤，但这才是我们每一天看到的上海的样子，而不是好看的航拍镜头，或者在拍摄前还要把窗户全部都擦一遍才能开拍的那种镜头。"（12/荷）有多位外籍人士还提出，一些宣传片的剪辑节奏非常快。"在短时间内尝试输出的陌生信息太多，很难跟上，很难理解，看完就忘。像《上海·恒新之城》这样节奏较为适中的片子显然更利于观看。"（11/意）在城市形象宣传片中

既要内容丰富，又不能让人感觉太急促，的确是一对矛盾，这就要求制作者根据观众的视听接受规律掌握好节奏平衡。

（二）形象宣传片虽然以画面为主，但声音因素也很重要

多位外籍人士提出，如果要用于国际传播，宣传片可以使用英语或多语种配音做必要的讲解，同时减少声音元素中中文的部分（如新闻配音、中文歌等）。音乐在城市形象宣传片中必不可少，国际传播中要考虑音乐品味的差异（13/爱）。还有人建议，应当尝试选择一些不同的背景音乐，比如一些有活力的、动感的音乐，应该更会吸引年轻人（05/英、28/哈）。

（三）文字在形象片中能够增加信息量，但使用应当适度

根据访谈，由于外籍人士了解上海的程度仍比较有限，特别是居住时间不长的外国人，因此对城市形象宣传片中的信息量都比较关注，希望能在有限的时间里获得丰富的信息。但如《共"进"五年》这样用较密集的文字（时长1分30秒，含9屏29行字幕）来表达历年来的成就，对于想要在形象片中看到有趣内容的外籍受众有些不友好，难以给他们带来深刻的印象。研究者对广告文本的研究也发现了倒"U"型曲线，即在大多数情况下，并不是介绍得越多越好（Kuo-ChingWang等，2007）。

（四）形象片内容策划和播映平台应更具针对性和适配性

城市形象宣传片篇幅有限，因此不可能兼顾到方方面面的要求，而旨在完成一个目标清晰的任务。有受访者提出，在讲求传播精准化的时代，可以根据目标观众群体拍摄些垂直类宣传片，要考虑受众是谁，是游客或商人，还是长住的居民？"比如不少影片中有关于洋山深水港的镜头，但对一般游客或者外地人来说，他们并不关心这些，而是希望增加对旅游景点的介绍。"（15/加）受访者还提出，希望将城市形象宣传片上传到更多海外视频平台，以吸引更多外国人观看。"平台选择比较重要，应该在外国人经常使用的平台上投放这些宣传片，否则就是给国内的人看了。"（09/德）

总体而言，作为城市的官方影像名片，城市形象宣传片不应当惯性地

进行单向度的视听呈现，而应当注重从时间、空间和类型等维度进行拓展，构建一个多样化、多层次、多向度的影像表述体系，并不断优化视听多模态符号的协同传播效果，才能够有效建构起真实、立体、全面的城市形象，充分彰显城市软实力。

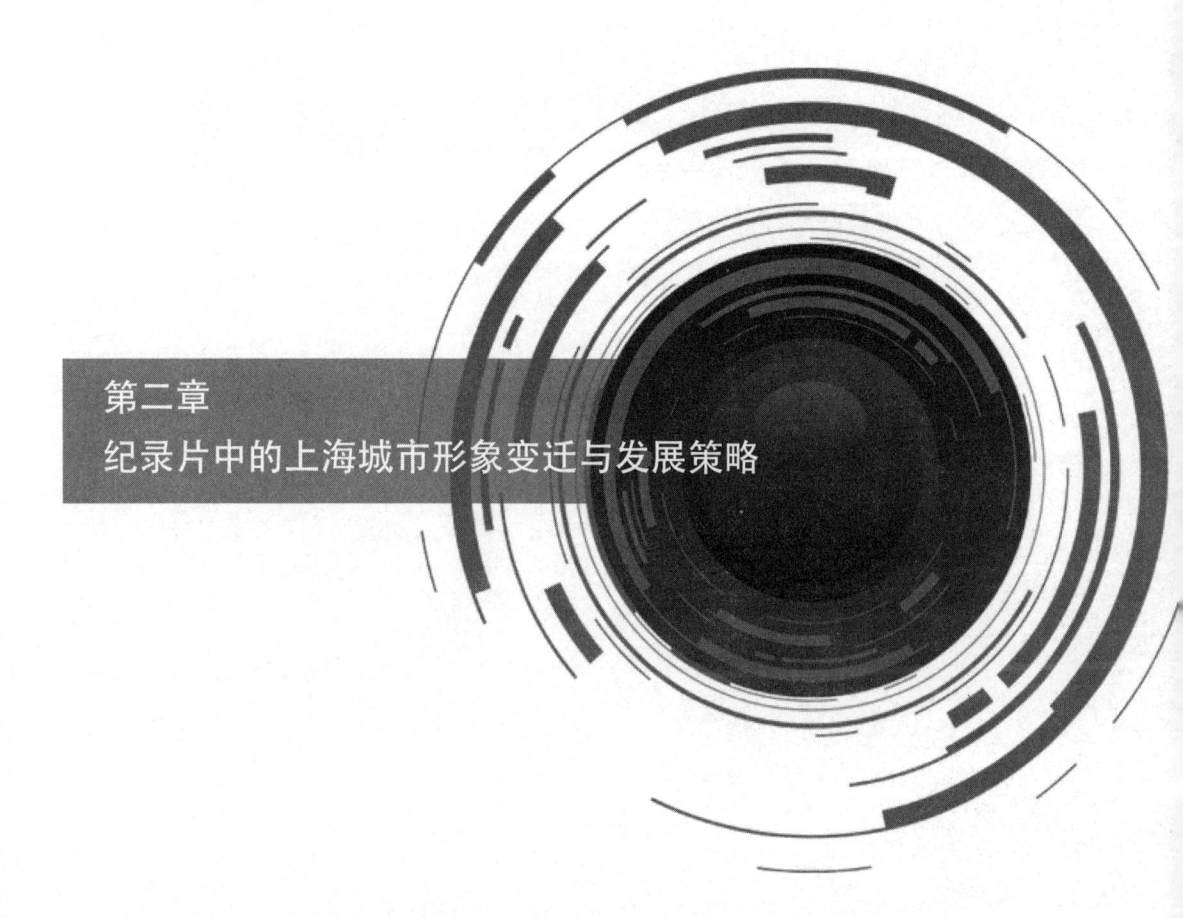

第二章
纪录片中的上海城市形象变迁与发展策略

近百年来,纪录片中的上海城市形象大体经历了从"魔幻城市""英雄城市"到"市井城市"的变迁,期间亦受到"他者"视角作品的影响。新世纪后海派纪录片在呈现多元化上海城市形象的同时,也存在着力点、聚焦点不清晰的问题。面向新时代对外形象传播的诉求,海派纪录片创作生产应加强"在地性"表达,在继承文脉的基础上持续创新,塑造"人民城市"的全新形象,深入提炼本土元素,彰显城市精神和品格,赋能城市软实力建设。

第一节
上海城市纪录片的历史脉络简述

在非虚构影像类型中，纪录片的历史最为悠久。对于沪产纪录片的研究较多集中于作品研究、美学探讨、创作分析等维度，关于上海纪录片与城市形象关系的论述并不多。但这一方面的研究近年有增加之势：如通过对微纪录片《上海100》的分析，认为该片通过用鲜活的、有意味、有质感的人物故事呈现出上海的城市生命、精神与气质，提振城市形象，提炼城市之魂（黄新炎，2018）；通过对六部上海题材纪录片的内容解读，阐明纪录片在影像层面记录三重维度的上海城市形象，即摩登时尚的现代城市、沉稳厚重的历史名城和包容多元的国际都市，传递真实可信的上海城市形象（章雄，2020）；通过对上海非遗纪录片的研究，认为其运用具有海派文化特质的艺术表达方法，以"深描"手法表现上海非遗的江南文化底蕴，并通过对域外文化元素的吸收等途径，建构上海的地方性知识，传达出上海海纳百川的城市精神品格，促进了城市形象的有效传播（罗业云、刘婉宁，2023）。还有学者从城市文明的高度来考察纪录片中的上海，指出纪录片不只是城市肖像，还要讲述城市的故事、传达城市精神、展现城市理想，并体现公共价值，将上海置于中国乃至世界的视角下进行审视（李涛，2020）。在以往研究基础上，本书从历史的维度展开，分析纪录片中上海城市形象的变迁，并立足于提升城市软实力，探讨面向未来的发展创新以及全球叙事和国际传播策略。

一、上海早期纪实影像

（一）城市：纪录片的起源之地

纪录片与电影同源，是第二次工业革命即电气时代来临的产物。从纪录片诞生之日起，作为工商业中心、交通运输中心和人口聚集中心的城市便成为创作者们的重要灵感来源和具体拍摄对象。1895年12月，电影创始人法国卢米埃尔兄弟公开放映的《工厂大门》《火车进站》等纪实短片就是以城市生活为背景，后来他们还较完整地拍摄过巴黎周末的城市景象。

在欧洲早期的一批经典纪录片作品中，城市成为纪实影像记录的主体。例如，华尔特·罗特曼的《柏林——大城市交响乐》（1927）、迪加·维尔托夫的《持摄影机的人》（1929）、尤里·伊文思的《桥》（1928）和《雨》（1929）、让·维果的《尼斯景象》（1930）等均留下了宝贵的城市影像记录，形成了被称为"都市交响乐"的早期纪录片类型。这些城市题材作品受到未来主义思潮和先锋主义艺术的影响，叙事情节平淡但非常注重形式美学、影像语言的探索，催生了早期纪录片的创作热潮。可以说，纪录片起源于城市，繁荣于城市，城市生活和城市文化一直是纪录片创作的重要领域。

（二）纪实影像中的"魔幻城市"

由于城市特殊的发展历史所致，上海拥有其他中国城市难以比拟的影像留存和记忆。1898年，美国爱迪生公司的摄影人员就来华拍摄了关于上海风貌的短片，此外还有英国、法国的公司陆续派员前来上海拍摄。1909年，美国商人本杰明·布拉斯基（Benjamin Brodsky）在上海创办了亚细亚影戏公司，此后拍摄了纪录片《经过中国》（A Trip Through China, 1916），全长108分钟，记录了包括上海在内多个城市的风貌和民众生活百态。其中，上海的部分有20多分钟，经研究者考证，上海一些地标景观的活动影像，如苏州河、乍浦路桥、外滩公园、老上海跑马厅等最早的影像都是从这部影片中出现的，具有很高的影像档案价值。[1] 在默片时期，由中外人士拍摄的一系列聚焦上海重大事变的新闻纪录片陆续问世，如以"二次革命"为背景的《上海战争》（亚细亚影戏公司，1913）、具有强烈反帝倾向的《五卅沪潮》（陈铿然等，1925），以及苏联导演拍摄的《伟大的飞行与中国的国内战争》（史涅伊吉诺夫，1925）第二部、《上海纪事》（雅可夫·布里奥赫，1928）等。

纪录片《经过中国》（A Trip Through China，1917）中的上海街景

早期在世界范围最有影响的关于上海的新闻纪录片，当属苏联人雅可夫·布里奥赫导演的《上海纪事》，这是在苏联官方支持中国革命与国共合作的背景下拍摄的，片长52分钟。美国纪录片理论家巴尔诺在其所著的《世界纪录电影史》中进行了介绍：导演用生动的现实素材描绘了城市的等级差别。一方是被压制的密密麻麻的中国人，另一方是国际居住区戒备森严的租界地；并评价"《上海纪事》是一部很有历史意义的影片"（埃里克·巴尔诺：1992：64）。该片频繁出现的对比手法令人印象深刻：如镜头中中国青年顶着烈日拉双轮车与外国男女在游泳池边嬉戏、举办鸡尾酒会，辛苦工作的中国劳工与叼着烟斗的资本家老板，奋力摇着木船送货的老妇、幼童与在游艇上谈笑风生的外国妇人等的对比，并辅以字幕评论，呈现出光怪陆离的城市图景。该片拍摄期间，"四一二"反革命政变发生，

---

1. 翁海勤：《世界电影诞生日｜海外纪录电影中的上海城市景象》，澎湃新闻·私家历史，https://www.thepaper.cn/newsDetail_forward_16040263.

因而片中留下了这一事件的宝贵影像。此外,《上海纪事》还用很多篇幅介绍了上海小手工业者的劳动和朴素的娱乐,反映了底层人民的勤恳和智慧,内容比一般的新闻纪录片要丰富得多。影片中出现了人们观看杂技、耍猴、摔跤的欢快场景,以及提线木偶、木刻工艺、戏曲表演等。影像资料研究者认为,该片"以非常广阔的人文视野与十分精彩的影像画面,将上海这座集东方与西方、现代与传统、国际潮流与地方特色于一体的都市风貌立体地呈现出来"(张景岳,2012:163)。《上海纪事》制作完成后在莫斯科上映,虽然未在中国公映,但片中的画面此后被很多中外纪录片作品所使用,成为反映那个时代上海城市形象的经典之作。

纪录片《上海纪事》(1927)在莫斯科放映时的海报及剧照

20世纪二三十年代,除了外籍人士的拍摄外,商务印书馆活动影戏部、中国影片制造股份有限公司、长城画片公司、明星公司等也拍摄了大量新闻片、教育片、风景片,不同程度地反映了上海的城市形象。抗战爆发后,《上海之战》(明星公司,1932)、《十九路军抗日战史》(联华公司,1932)、《淞沪抗战纪实》(民新公司,1937)等一批有声纪录片也较有影响。总体而言,早期上海纪实影像中呈现的城市形象是复杂多变、明暗交错的,既有所谓"东方巴黎"的工商业繁华、文化事业兴盛,也有半殖民地不平等的阶级压迫和贫苦朴素的市民生活,还有屠杀惨案、纷飞战火中的乱离都市景象,呈现出中西并存、矛盾交织的不稳定的城市形象和面貌。20世纪20年代旅居上海的日本作家村松梢风在同名作品中对上海冠以"魔都"之称,以描述繁华亮丽与喧嚣不安并存的城市图景。借用村松梢风的这一指称，当时纪实影像所呈现出的亦近似一个"魔幻城市"的形象。"'魔性'的根源则在于因租界的设立而形成的'两个不同性质的空间'相互渗透、相互冲突的结果。"（王茜，2018）当然，这里的"魔幻城市"和现今人们对上海的"魔都"称谓在历史内涵上虽有一些相关联之处，但绝非可以简单等同。

二、新中国成立后的上海城市纪录片

（一）纪录片中的"英雄城市"

1951年，由中苏联合摄制的纪录片《锦绣河山》在国内上映，该片由5集短片组成，其中包括《人民的上海》，导演为苏联人格拉西莫夫，他也是著名纪录电影《解放了的中国》的导演。该片从工业、教育、商业、农业及群众活动等方面，反映了上海在解放后城市属性发生的深刻变革和上海人民在新社会的精神风貌。新中国成立后的三十多年里，中国纪录片以形象化政论为主要模式，主题先行、解说驾驭画面，高度强调政治原则、党性原则，且新闻和纪录片尚未形成明显的分野，因此只有统一的"新影模式"或政论专题片模式，基本无所谓地方风格。有研究者将这个时期称为"英雄时代"，纪录片中只闻英雄，不见平民，基本上以正面表现英雄人物和宣传政府业绩为主要特征（方方，2003：178）。作为国家经济中心和工商业中心的上海，这一特征显得更为显著。在那个时期上海题材国产纪录片中，以上海电视台摄制的《飞跃吧，英雄的城市》（1959），天马电影厂摄制的《上海英雄交响曲》（1959）及《东方劲吹》（1966）等影响较大，此外具有开创性的，还有上海电视台制作的中国第一部彩色电视片《轻工业园地百花盛开》（1973）等。其中，纪录电影《上海英雄交响曲》系为国庆十周年献礼摄制，表现了上海工业战线的意气风发和所取得的伟大成就。该片由巴金撰写解说词，黄宗英等负责编辑，汤晓丹、桑弧等名家执导，如此强大的文学和电影阵容投入纪录片创作实属罕见。

纪录电影《上海英雄交响曲》（1959）宣传海报

上述作品主要内容均是反映上海各条战线的建设成就和先进人物的事迹，所呈现的是生气勃勃、饱含政治热情的"英雄城市"形象，具有强烈的政治鼓动性。而"魔幻城市"的多面性和消极色彩被荡涤一空。在当时高度政治化的环境下，并不存在注重纪实性、人文性的城市纪录片这一概念以及具体实践，上海城市形象的呈现也基本是单一维度的"英雄城市"。

（二）"他者"视野中的上海形象

这一阶段中国与外部世界交流不畅，"他者"视角拍摄的作品极少，但在非常有限的外国导演访华拍摄的纪录片中，上海通常是拍摄的重点城市之一。如安东尼奥尼的《中国》（1972）、伊文思的《愚公移山》（1976）中，都不同程度地记录了那个时代上海的城市景象和社会生活。相比在沪拍摄时间很短、有些走马观花和猎奇感的《中国》，《愚公移山》对上海城市面貌的反映则要全面翔实得多，在其所容纳的十二部片子中，最长的便是113分钟的《上海汽轮机厂》，此外还有《上海第三医药商店》《对上海的印象》等。内容既从特定单位表现了上海的工业和经济发展状况，也拍摄了城市中的百姓生活、衣食住行、商业服务等。

当时，西方已经历了直接电影、真实电影的浪潮，这些"他者"视角观察的作品以纪实主义创作为主，和当时高度政治化的国产纪录片有着迥然不同的关注旨趣和美学风格，所呈现的上海城市形象是新鲜、朴实和稳

纪录片《愚公移山》之《上海第三医药商店》剧照

定的，但也体现出城市的封闭保守和落后于世界潮流，与国产纪录片中昂扬的"英雄城市"调性有所差异甚至相去甚远，《中国》还因此受到过尖锐的批判。但随着历史云烟散去，这些作品在今天更显得弥足珍贵，已经成为上海城市影像史乃至中国影像史中不可缺少、具有独特价值的组成部分。如研究者所言，他者化话语影像的构建，不仅为上海留下了有个性的记忆文献，也使得不同文化背景下的人们真实而深刻地了解中国（李涛，2021）。

（三）改革开放初期的变化

改革开放后，随着政治社会环境的宽松，从文学、戏剧到电影均迎来了"百花齐放"。纪录片创作自然也受到影响，关于上海的纪录片作品在题材内容、创作手法上都在发生变化。轰动一时的央视《话说长江》（1983）中包含了反映上海的专集《黄浦江畔》，上海的影视创作机构在20世纪80年代初也推出了纪录电影《上海啊！上海》、电视纪录片《今日上海》等作品。这些作品人文内涵显现、政治色彩减弱，"英雄城市"的形象也有所淡化。随着国门的开启，到中国及上海拍摄纪录片的国外人士逐渐增多，包括澳大利亚纪录片《中国人民的面貌》（*The Human Face of China*, 1979）、美国纪录片《从毛泽东到莫扎特》（*From Mao to Mozart: Isaac Stern in China*, 1981）、英国纪录片《上棉十七厂布鲁斯：音乐在中国》（*Cotton Mill Shanghai Blues-Music in China*, 1984）等。

纪录片《1978，上海新风》中的上海早餐店场景

其中，日本导演牛山纯一拍摄的《1978，上海新风》没有选择上海的地标景点或知名人物，而是以纪实手法描绘了静安区张家宅里弄普通居民的日常生活图景，使上海的城市形象体现出当时少有的"烟火气"，令人耳目一新，对上海电视人亦构成一种新的美学启蒙。20世纪80年代，上海电视台已有不少作品将镜头对准普通老百姓，但采用的还大多是新闻或文艺专题的模式。

第二节
海派纪录片的形成与发展

一、20世纪90年代初"海派纪录片"的崛起

（一）"市井城市"的凸显

改革开放后，随着电视迅速进入千家万户，纪录片的主要播放渠道从影院转向电视，过往居高临下的"形象化政论"并不适合家庭观看的场景，无法再保持垄断地位，纪录片从题材内容到美学形态的探索开始进行。"海派纪录片"诞生之初，即有着鲜明的城市特质，因聚焦城市、反映城市、关怀城市而兴。1993年2月1日，中国第一个以"纪录片"命名的栏目——上海电视台《纪录片编辑室》栏目开播，以"聚焦时代大变革、记录人生小故事"为口号，推出了一批具有浓郁上海城市特色的纪录片作品。栏目创办者之一刘景琦认为，做纪录片应根据自己的实际情况，发挥自己的优势，"我们的优势是上海城和上海人"（2009：123）。因此，当时上海纪录片人既没有像央视那样推出《丝绸之路》《话说长江》《望长城》等一部部系列大片，也较少如兄弟台制作出《西藏的诱惑》《沙与海》《藏北人家》等具有强烈自然地理属性的作品，而是重点关注所处的这座城市和生活在城市中的人们。《毛毛告状》《德兴坊》《大动迁》《重逢的日子》《我的潭子湾小学》等作品，均以感人的小人物故事、浓郁的生活化场景折射出城市和时代的变迁，成为那个时期上海城市影像史中的经典文本。尽管《纪录片编辑室》也播出了一些外地题材的作品，如《茅岩河船夫》《半个世纪的乡恋》等，但"上海城和上海人"一直是创作的主要题材。

当时，上海纪录片人渐渐疏离了过去由解说驾驭画面、居高临下的"形象化政论"模式，而是转向纪实美学创作。在创作观念上表现为视角下移，从俯视转向平视，走市民化、平民化道路；在表现手法上顺应当时从胶片拍摄转向形声一体磁带拍摄的变革，基本放弃了过往常见的扮演、摆拍，而是倡导参与观察、跟踪拍摄，以长镜头、同期声、自然光等构建起一套全新的纪录片美学体系。这种变革适应了电视的"冷媒介"特征，纪实形态作品有较浓厚的平民色彩，且留白较多，比起居高临下、解说密集的政论作品来，更适合通过电视进行家庭化观看和交流，实现电视所需的"补足"和"对话"（麦克卢汉，2019：356）。当时上海纪录片的实践对国产纪录片产生了重大影响，从此"海派纪录片"声名鹊起。

纪录片《德兴坊》（1992）反映了当时上海基层民众的居住生活状况和情感世界

海派文化源于19世纪与20世纪之交，是一种将传统的江南吴越文化与工业革命后西方现代文明相融合形成的上海特色文化。海派文化特指兴起于上海的戏剧、绘画、文学等文化艺术创作流派，或是对具有特定风格的人群或生活方式的称谓（郭骥，2020：24-25）。"海上画派""海派京剧""海派文学"等都有较浓厚的上海地域特质和商业文明色彩，体现出开放吸纳、兼容并包、市场导向的务实精神。20世纪90年代初中国确立了市场经济的发展方向，在新一轮开放变革背景下推出的一系列上海题材纪录片很快被冠以"海派纪录片"之名，与"京派纪录片""西部纪录片"等共同构筑了中国纪录片地域流派的格局。海派纪录片擅长商业环境下的大众文化表达，在这些纪录片作品中，上海城市形象的呈现也从宏大转向细腻，从高昂转向平实，从改革开放前的"英雄城市"转换为更具人间烟火气的"市井城市"，过往密集浓重的政治话语淡化消弭。当然，由于这个时期的纪录片大多关注底层人物的故事，这种集聚而成的"市井城市"形象同样略显单一，特别是在折射上海20世纪90年代的迅速发展方面存在一定的局限。

（二）外宣需求的驱动

"海派纪录片"的崛起除根植于上海城市生态和文化外，与外宣的需求亦密不可分。"文革"时期，由于极左路线的影响，中国的电视外宣受到很大冲击。许多对外传播作品充满了意识形态的狂热，为国外机构和民众所排斥，甚至常常发生节目带寄到国外，却在机场无人认领的情况。改革开放后，广播电视事业要迅速适应新形势的变化，其中重要一点就是改进对外宣传，上海作为中国第一大城市更是如此。由于新闻的时效性和宣教性太强，具有人文属性的纪录片就成了对外宣传的重要抓手。1985年1月上海电视台对外部成立，1987年又组建了国际部，《纪录片编辑室》最初就是由国际部管理的栏目。

与此同时，与境外电视台的合作使得纪实主义手法成为一种发现，追求"真实"成为一个具有合法性的口号，电视纪录片从专题片脱胎而来，逐渐被正名（吕新雨，2003：294）。在《纪录片编辑室》开办之前，上海纪录片团队就已考虑如何改变原有的创作模式，在观念和手法上借鉴国际经验，使作品能够被海外观众所接受，能够与国际同行进行对话。据《大动迁》导演章焜华介绍，在走向开放的大环境下，当时团队非常注重业务学习，通过上海电视节等渠道观摩国外纪录片，如欧美的《巴卡——丛林中的人们》《信守诺言》和日本的《小鸭子的故事》《父亲从战场上来信》《大地之心》等。特别是研究借鉴日本纪实风格纪录片《五平太流转》，并邀请制片人园田健一先生进行交流，使上海纪录片人对纪实主义创作有了较深刻的理解，进而达成集体共识（章焜华、黄新炎，2016）。上海纪录片前辈们在创作实践中逐步突破专题片的历史局限，摒弃生硬说教与灌输，追求心灵的深度共鸣，形成了跟踪纪实的风格，并在全国起到领风气之先的作用。如刘景琦所言："我们的纪录片创作能走出困境，得益于对外宣传的蓬勃开展。"（刘景琦，2009：120）纪实主义创作的美学体系与"市井城市"的形象塑造无疑是一脉相承的。

纪录片《大动迁》（1993）反映了"三年大变样"时期的上海市政建设和市民生活

新世纪后，随着媒介环境和市场环境的变化，戏剧美学、技术美学在纪录片创作中兴起，与纪实美学相互融会，使海派纪录片的表现力进一步增强，但纪实主义创作仍被视作海派纪录片的"传家宝"。三十多年来，海派纪录片的发展一直与对外宣传、国际传播紧密相连，在中国地方纪录片版图中独具特色。

（三）产业发展的保障

"海派纪录片"的主要制作基地在上海广电系统。在《纪录片编辑室》诞生时的20世纪90年代，正是电视大发展时期，纪录片也迎来了黄金时代。随着电视广告的不断攀升，对纪录片的投入也在持续增加。世纪之交，中国媒体的市场属性进一步强化，纪录片栏目也要与电视剧、综艺节目竞争，加之观众新鲜度的降低，收视率有明显下降。但专业化纪实频道的出现，使纪录片板块一度得以重振。

以上的历史梳理试图阐明，"海派纪录片"从诞生之初，就有深刻的城市基因、外宣基因，并以电视产业的发展壮大作为支撑。无论是城市纪录片还是地方纪录片流派，需有文脉和观念的传承创新，加之资金的保障，方能生生不息，为当地文化生产乃至经济社会发展做出贡献。认识到历史的源流，对新时代上海纪录片的发展具有重要的意义和价值。

二、新世纪后：城市形象的多元化呈现和问题

2002年1月，中国的第一个纪录片专业频道——上海纪实频道成立。从零散的栏目到规模化的频道运行，是上海纪录片发展的一个里程碑。"海派纪录片"有了更大的传播平台来讲述城市故事、展现城市风貌。在中国入世、上海建设国际化大都市的背景下，纪录片中所呈现的城市形象也比90年代的"市井城市"更为多元，以往浓厚的市民生活色彩逐渐淡化，代之以现代性、历史感、国际化等各类元素相叠加，创作手法亦不局限于纪实美学。其中SMG出品、周兵导演的《外滩》（2010，电影版名为《外滩佚事》）尤为特别。该片与海派纪录片的创作传统差异很大，大量引入了情景再现和演员扮演的戏剧美学手法，展现了从上海开埠到解放前这百年间，外滩以及上海

纪录电影《外滩佚事》（2010）海报

这座城市的独特面貌和发展变化。该片还登陆美国国家地理频道等海外媒体平台，但其全程演绎的方式在当时存在一定争议。此后随着媒介环境的变化，海派纪录片也面临一系列新的挑战和问题。

（一）造血机能下降，栏目逐渐消亡

新世纪初上海纪实频道开办后，广告收入逐渐攀升，从最初的两三千万元，到2012年最高峰时达到1.4亿元。在近十年的时间里，不但完全能够自我运转，而且可以保证较高的制作经费投入。但是2014年左右"分水岭"出现，随着4G移动互联网走向成熟，人们在手机端也能流

畅地观看视频和纪录片。媒介生态发生巨变，传统电视的市场份额和广告收入快速下跌，在此大背景下，上海纪实频道的造血机能明显下降，经营逐渐困难。2013年尚有广告收入近1亿元，到2018年已不到一半。为应对困境，上海纪实频道一度大幅降低了制作投入，纪录片项目主要集中在两类：首先是政府宣传性项目，即配合重大宣传主题和节点制作、有拨款保障的项目。如《理想照耀中国》《海上丝绸之路》《为了人民的福祉》等；其次是市场定制性项目，即根据企事业单位的需求来制作节目。这当然是应对市场变化的合理举措，但与此同时，频道自主创作生产的题材空间被挤压。

在重重困难下，2019年4月，上海广播电视台（SMG）以上海纪实频道为班底，整合全台纪录片力量组建了纪录片中心，这是"抱团取暖"的举措。为精办频道，2020年1月，纪实频道与艺术人文频道合二为一，调整为上海纪实人文频道。在改革过程中，生产方式全面从栏目制转向项目制，除了《纪录片编辑室》转到新闻综合频道播出外，原有栏目基本关停。主要原因仍是经营方面的：栏目对平台依附性强而产业流通性低，束缚了内容跨界拓展，难以开源现有观众存量。由于纪录片市场普遍价值低估、变现困难，反过来也进一步限制了栏目类节目的独立生存能力和品牌化建设。[1] 项目制带来的益处是对接宣传需求和市场需求更为紧密。

媒介生态的变革使传统电视频道的生存空间日益被压缩。2024年9月，在新一轮改革中，纪录片中心被整合到新成立的上海广播电视台融媒体中心之中，纪实人文频道亦走向消亡。但在SMG"新闻立台、文化兴台、融合强台"的核心战略中，纪录片创作生产仍然受到重视。

（二）文脉传承不足，缺乏本土精品

在媒介生态变革的大背景下，对比海派纪录片的辉煌时期，上海纪录片反映"上海城和上海人"的文脉传承有所不足，缺乏本土题材的精品之作。

---

1. 国家广电总局发展研究中心等：《纪录片发展报告（2021）》，中国广播影视出版社，2021年版，第275页。

首先，资金压力挤压了题材空间，使一些富有人文价值但商业性较弱的策划方案难以实施；其次，栏目的消亡使聚焦上海城市生活、城市文化的常态纪录片生产发生弱化。不少大体量的系列片并非上海题材或以反映上海为主，因而在上海城市形象传播方面的直接贡献有限；再者，海派纪录片在上海城市形象的塑造上一度缺乏着力点，存在一定程度的失焦现象。

（三）模式相对传统，创新有待增强

美国学者比尔·尼科尔斯历经三十余年的研究，对纪录片的制作模式进行了系统的阐述，他根据纪录片的声音（Voice）先后列出了六种主要模式：诗意（Poetic）、说明（Expository）、观察（Observational）、参与（Participatory）、反身（Reflexive）和展演（Performative）。此外，还在其《纪录片导论（第三版）》（2020）中提到了基于网络平台的互动模式（Interactive）。

对照而言，上海城市纪录片在美学形态方面，一般表现为两种模式：说明模式和参与模式。说明模式也称解释模式，主要特征是以解说词为影像文本的主导，通过解说来驾驭画面，融入典型案例和权威采访，凸显作品主题和价值观念。这种模式较多使用于配合重大节点、主题性较强的作品之中，如《大上海》《诞生地》等。参与模式则注重通过编导或主持人与被拍摄对象的互动交流来展开故事、表现主题。《纪录片编辑室》栏目的一批经典作品所采用的即是参与模式。此外，还有少量观察模式（西方亦称为"直接电影"）的上海城市纪录片作品，摒弃了解说词、采访等元素，完全靠旁观性的跟踪拍摄进行展现，如《董家渡》等。但在在网络传播生态中，以上的制作模式和美学形态都已比较传统，过去较边缘的反身模式和展演模式的兴起值得关注。反身模式不仅反映现实本身，也呈现事实建构过程，较多采用第一人称自我表述，注重通过坦诚的文本与观众的沟通，如在B站上极受欢迎的《寻找手艺》、央视融合传播的《武汉：我的战"疫"日记》等。展演模式更强调主观、情感的维度，注重对精神世界、心理世界的表现，较多运用文艺表现的手法，如优酷推出的《奇妙之城》、腾讯

视频《奇遇人生》等。此外，互动模式的纪录片在我国也已出现。

从国际纪录片的发展看，制作模式和美学形态处在不断创新的过程中。央视作为国产纪录片生产的"国家队"，自成立纪录频道以来保持了良好的创新势头，如《舌尖上的中国》《航拍中国》《如果国宝会说话》等，均构成了现象级传播。各大视频头部网站亦非常注重模式和形态的创新，以吸引年轻用户群体，拓展商业空间。相比之下，尽管海派纪录片在国产纪录片中总体质量长期保持高位，近年推出了《中国面临的挑战》《人间世》等广受好评的作品，但在创新创意上仍有待增强。

第三节
新时代海派纪录片发展策略

上海被国内外公认为是中国纪录片创作生产的重镇之一，具有丰富的底蕴。作为上海城市文化重要标识之一的"海派纪录片"，曾在历史上书写过辉煌篇章，在新时代如何通过传承和创新赋能城市形象塑造和城市软实力建设？这是上海纪录片创作面临的重要使命，亦是新的挑战。

一、加强"在地性"表达，展现新时代"人民城市"

近年在国产纪录片创作生产中，城市纪录片作为一种题材类型强势崛起，已出现了一批优秀的作品，如《一本书一座城》《城市24小时》《城门几丈高》《广府春秋》《金城兰州》等，其中不少是作为"城市影像志"来打造，获得较高的宣推和播出频次。城市纪录片讲述城市人物故事，阐释城市历史文化，增进人们对于城市精神内核的理解，具有独特的人文与审美价值，是城市软实力的重要呈现和建构方式。在国产纪录片创作中，城市已经从过去的讲述背景转化为表现主体，直接以城市本身为拍摄对象的作品明显增多。城市管理者们意识到，随着人们欣赏品味的提高，纪录片因其所具有的真实性、人文性，是留存城市记忆、塑造城市形象、推广城市资源、促进文旅融合的有效方式之一，因此对城市题材纪录片的拍摄积极地提供多方面支持，起到了有力的助推作用。

在上海全面提升城市软实力的背景下，上海纪录片要在塑造城市形象上发挥更大的效能，亟须加强"在地性"表达。"在地性"或"在地化"

是全球化进程中凸显的一个概念，多强调在全球与地方的界限日益模糊的背景下立足于本地和对地方知识及文化的保有。但全球和在地并非相排斥的关系，美国社会学者罗兰·罗伯逊（1992）提出了"全球在地化"理论，以全新的视角阐释全球与地方的融合共生现象。列斐伏尔从空间哲学的高度指出，在增长和发展过程中不会有空间的消失，世界性并不消灭地方性，这并非不平衡发展规律的后果，而是它自身的规律（2022：128）。因此，今天所谓的"在地性"绝非封闭于地方场域，而通常是指跨地域、跨文化语境中地方知识、地方文化的生产传播及建立标志性地域文化的努力。"在地性"也是当代艺术实践中的一个重要概念。强调影视艺术作品的"在地性"表达，就是要使影视创作实实在在地与地方发生联系，并在全球文明对话中以地方文化对人生、人性进行观照，获得作为文化媒介的共享性效果（王东东，2021）。"海派纪录片"当然并不仅指上海本土题材的纪录片，但如社会学者所指出："上海要提炼本土元素，赋予上海城市软实力以厚实的传统文化基础，这样，上海城市软实力产生的功效才具有持久性和可持续性。"[1] 强调"在地性"表达和本土元素的发掘，才能凸显海派纪录片的精神内核与核心竞争力，也才能充分发挥其塑造城市形象、诠释城市精神的功能。进入 21 世纪以来，上海纪录片创作的题材范围拓展发散，不局限于对城市环境和市民生活的反映，面向全国甚至全球的题材明显增多，这当然是有必要的，但"上海人和上海城"本身仍然应当是主要关注对象，这是海派纪录片不变的责任和使命。

面向新时代的上海城市形象必然是立体多元而不是平面单一的，但仍须有清晰的着力点和聚焦点。2019 年 11 月，习近平总书记在上海考察时首次提出"人民城市人民建，人民城市为人民"的重要理念，为推动新时代中国城市的建设和治理指明了方向。"只有在'人民城市'理念前提下，提升中国城市的软实力才有实际价值意义，并由此在城市建设的理念和实

---

1. 《名家访谈 | 胡键：厚植城市软实力基础，需要提炼本土元素》，文汇客户端，2021年6月28日。https://wenhui.whb.cn/third/baidu/202106/28/411472.html。

践之间构成一个连续、有机的整体。"（徐锦江，2021）"人民城市"理念具有深刻的理论性和鲜明的实践性，也对城市宣传、城市传播具有重要指导意义。新世纪后上海纪录片生产在题材多元化的同时，在如何反映城市、表现城市方面尚缺乏清晰的、具有统摄意义的创作理念，而"人民城市"理念为上海纪录片创作在塑造上海城市形象方面提供了一个明确的方向。为此海派纪录片应更多将目光投向眼前的这座城市，加强"在地性"表达，深入提炼本土元素，契合上海的城市发展规划，展现新时代"人民城市"的全新形象。

未来，海派纪录片的创作生产应围绕上海的一系列战略发展目标，如五大中心，卓越的全球城市，令人向往的创新之城、人文之城、生态之城等来策划选题、组织创作，但核心须是生存于此的民众，是具体人的生存状态、生命体验和思想情感，是含有本土文化元素的具体实践。上海是多元文化交汇的国际大都市，但不可因而忽视"在地性"的建构。全球、全国和在地不是割裂的关系，如研究者所言，在地化是把外来的文化吸收到本土文化当中进行重新阐释，通过文化再生产和文化认同的重新建构来阐释人类社会文化的异质化和趋异性（余洋洋、巫达，2021）。如此，海派纪录片才能一方面继承20世纪90年代辉煌时期关怀城市、人本叙事的文脉，一方面又突破了市井化视角的局限，从多元维度中深入历史、发掘现实，捕捉到日常运行背后被忽略的城市之美，通过"人民城市"的形象塑造，建构起对上海城市文化与精神内涵的全新表述，更有效地向世界展示传统与现代交融、本土与外来辉映、有序与灵动兼具、文明与活力并蓄的社会主义现代化国际大都市魅力。

近年，上海已有纪录片作品探索基于"人民城市"理念的"在地性"表达。如上海广播电视台纪录片中心于2023年推出的《老城厢，上海的家》即是其中的典型案例。该片在东方卫视播出，将镜头指向上海中心城区规模化旧居改造最后一年中，涉及文庙周边4700户老城厢居民的旧城改造，记录了身处其中的七户各具特点家庭的故事。老城厢是"上海城之根"，

纪录片《老城厢，上海的家》（2023）讲述了新时代城市更新的故事

承载着一代代上海人深切的身份认同。据导演介绍，"纪录片旨在讲述在新时期上海城市更新的背景下，上海老城厢居民的体会和感受，体现人民与城市之间相互依存的关系"。[1] 面对旧城改造这一老话题，该片注重发掘新时代背景下的新内涵，体现上海在改造旧城的同时因地制宜地保护历史建筑，使相关地块的历史文化与新时代城市建设自然承接，彰显传统与现代交融、全方位关怀民众福祉的"人民城市"形象。根据中国视听大数据（CVB）发布的年报数据显示，在2023地方卫视纪录片收视排名上，具有鲜明海派特色的《老城厢，上海的家》名列年度第一。此外，该片还获得第28届亚洲电视大奖"最佳导演（纪录片/非虚构类）"提名，入选中央广播电视总台CGTN"可爱的中国"评选成片播出名单。这体现了纪录片中地域文化的独特魅力和"在地性"表达的全国性乃至跨文化扩散效能。

上海是国产纪录片生产的重镇之一，海派纪录片长期以来具有较强的对外传播功能，亦是上海重要的文化符号之一。在媒介生态变革的大环境下，针对纪录片"弱产业""强公益"的特点，为了海派纪录片创作的继

---

[1] 《跟拍一年，记录市中心蓬莱路地块旧改始末，〈老城厢，上海的家〉今播出》，上观新闻，2023年4月11日。https://export.shobserver.com/baijiahao/html/601561.html

续繁荣发展，宣传管理部门及文化基金需加强扶持力度。其中，又应特别加强对上海城市题材纪录片的扶持，鼓励更多优秀的纪录片人通过作品的"在地性"表达提炼本土元素，彰显城市精神和品格，塑造真实、立体、全面的城市形象，赋能城市软实力的全面提升。同时，注重对扶持项目传播实效的评估，借助行业组织和第三方专业机构（如研究机构、数据调查机构）的力量，建立多元指标的评估体系，包括专业评价、管理评价、社会反馈、收视流量、获奖情况等，并各自赋予合适的权重，保证评估的科学性和合理性。评估的结果可以和资金扶持挂钩，进行差异化扶持，以对创作机构起到激励和监督的作用。

二、创新生产与传播模式，适应全新媒介生态需求

媒介环境学理论认为，每一种媒介因其独特的物质特征和符号形式，都会带有一套传播偏向（林文刚，2019：54）。从电影、电视到互联网平台，不同媒介适配的内容和形式均有所差异，不能仅做物理性搬迁。城市纪录片过去大都为电视纪录片，基本按传统模式拍摄，表现为内容规整、结构均衡、制作精良，较适合电视媒介的单向播放。但在网络视频平台已经成为人们特别是年轻一代观看纪录片主渠道的大背景下，城市纪录片如何在网络语境中实现有效的传播，为年轻人群所接受，使城市形象深入人心？由此催生了融合色彩鲜明的模式和样态，值得海派纪录片借鉴和探索。

（一）真人秀纪录片

网络平台的迅速发展，使不同内容类型之间的边界不再泾渭分明，而是相互渗透、交融。网络纪录片在美学特征上更具先锋性和实验性，"基于对真人真事的反映，纪实美学、戏剧美学及技术美学和谐共生，构建出杂糅互嵌而又活力四射的表达图景"（唐俊、黄彩良：2020）。当前，纪录片与各类媒介形态的融合之势更为深入。

城市题材纪录片也在相应发生变化，其中真人秀形态、展演模式的引

入尤为令人瞩目。从 2021 年到 2023 年，优酷网推出了两季系列城市文旅纪录片《奇妙之城》（两季共 12 集），探寻 12 座城市的"奇妙之处"，描绘不同城市的文化内核和精神特质。该片突破传统模式，将真人秀演绎和旁观记录、明星寻访体验与普通市民故事进行了有机结合。两季的全网播放量均达到 10 亿，一些参与拍摄的明星艺人们被当地授予"旅游推广

《奇妙之城》以"真人秀+纪录片"的形式讲述城市故事

大使"称号，对城市形象传播、文旅产业发展起到了明显促进作用。在求新求变的网络时代，上海城市题材纪录片亦需走出传统的框架，尝试以非典型的模式来反映上海这座充满魅力的城市。这种模式对于明星艺人的遴选非常重要，不能唯知名度和流量，而应与所表现的城市之间具有成长渊源和情感勾连。在内容设置上需与纯娱乐性的真人秀保持距离，弱化设计、编剧的痕迹，将明星人物"下沉"为普通人，注重对其在特定环境中真情实感的原生态记录，而这种真情实感又与城市所给予的独特生活体验密切相关，从而凸显人文层面的价值。

（二）众筹纪录片

每个消费者都是生产者，这是一切新新媒介底层的核心特征（保罗·莱文森，2016：5）。"全员媒体"的兴起意味着每个消费者都是生产者，

单反相机、智能手机的普及使得视频生产的门槛大幅降低,在纪实影像生产领域,专业生产(PGC)与用户生产(UGC)之间的界限开始模糊。众筹纪录片因 2011 年 YouTube《浮生一日》(*Life in a Day*)的推出而兴起,该片系导演用来自全球各地的网民所提供的视频素材剪辑而成。这类纪录片由媒体平台发起议题召唤,并大致确定内容和格式要求,用户据此拍摄、上传。这种具有反身特征、让观众第一人称讲述"我的故事"的方式,使纪录片反映生活的广度与细度得以进化。其文化意义如研究者所言,使作品融入了众多个体对社会生活的自我思考与主观表达,来源于并呼应了互联网所具有的参与特质(牛光夏等,2019)。

城市纪录片历来是由媒体或机构的专业生产所垄断,但近年在新媒体平台上已出现了专业机构和用户端相结合(PUGC)的众筹创新模式。新冠疫情期间由于拍摄不便,这一模式在我国得到了快速发展。如央视和快手合作的《武汉:我的战"疫"日记》、清华大学清影工作室与快手联合出品的《手机里的武汉新年》、优酷网推出的《余生一日》均采取了 PUGC 模式,动员网民用手机短视频记录生活日常和期望感悟,然后由专业导演剪辑成片。以上既是疫情题材纪录片,也可视为城市题材纪录片,体现了在特定时期城市的运行状态、市民生活及城市精神和品格。上海作为中国第一大城市,具有强劲的民间影像生产潜力。在未来的上海城市纪录片创作中,媒体和平台亦可探索更多采用主题征集的方式,发动社会公众来"众筹"素材,收集更多来自基层社区的鲜活视频,通过 PUGC 模式推出更多讲述上海故事的纪录片佳作。

(三)互动纪录片

在这类基于网络平台的纪录片中,当剧情发展到关键节点时会出现种种提示,并将选择权移交给观众,使观众可以一定程度地决定叙事的走向,从而形成个人化体验。"这种模式抛开了长达世纪之久的完成片的传统,转而拥抱因数字技术而变得可能的互动模态。"(尼科尔斯,2020)如优酷网推出的中国首部互动纪录片《古墓派 互动季:地下惊情》(2020),

将游戏式的答题设定融入到探墓题材中，用户基于考古知识储备和片中的线索，通过每次的选择来赢取分数并进入不同的故事线，根据最终得分获取等级勋章。未来，城市影像创作可借助互动技术，建构多元叙事结构供观众选择，还可将一些关于城市历史和现实的知识点融入观众答题、选择等互动行为之中，并建立激励机制，起到吸引观众参与、寓教于乐的效果。为此，创作者需要在剧本结构、美术设计和视频剪辑等方面进行更为精细的策划。

在互动纪录片中，还有一类超文本交互型纪录片，创作者依据特定主题，通过"超链接"将相关视频、图文等素材整合成超文本。用户点击图标进行选择，即可进入特定的故事之中。图标也可有不同的选择，如人物、地点、场景等。例如，加拿大出品的《十个街区的世界》(*The World in Ten Blocks*，2015) 以多伦多市中心布鲁尔街的布鲁尔考特社区 (Bloorcourt) 为背景，讲述聚集在此的移民小企业主的故事，反映移民的奋斗史及多伦多的多元性和包容性。该项目将照片、视频和文本以第一人称视角编织在一起，用户犹如进行一段在线徒步之旅，可通过不时出现的交互界面点击不同的店铺、人物来选择故事，每个故事中还嵌入了关于移民的历史背景影像，体现出鲜明的超文本特征，集聚成一部关于城市社区发展的纪实影像作品。由于用户选择的点与顺序不同，因此形成了个性化的观看结构。这种极具网生化的形态在我国尚未出现，为城市影像创新提供了想象的空间。

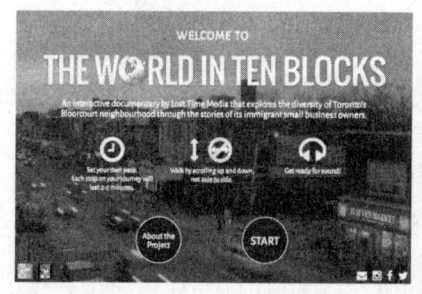

加拿大交互纪录片《十个街区的世界》(2015) 的部分界面，观众可选择不同路径观看

（四）跨媒介叙事

跨媒介叙事的概念由美国学者亨利·詹金斯提出。他认为媒体融合必将使内容横跨多种媒体平台流动传播。一个跨媒体故事横跨多种媒体平台展现出来，其中每个新文本都对整个故事做出了独特而有价值的贡献（2012：157、168）。在媒体融合时代，纪录片也不再是单产品、一站式的发布，而是趋向多形态、集束式的叙事和传播。包括纪录片与短视频、二次创作等相结合，进行跨平台的矩阵叙事；各种内容形态的相互交汇借力，形成多元、立体的传播等。例如，近年中央广播电视总台影视剧纪录片中心在央视频设置直播互动项目《纪录知 why》，打造全新融媒体品牌；打通资源边界，将同一主题的电视剧和纪录片融合推广，运用"慢直播＋移动直播"等方式开展宣推活动，等等。

海派纪录片的生产传播应在跨媒介叙事方面进行更多的开拓。例如，上海广播电视台纪录片中心与美国探索集团合作摄制的重点项目《永远的行走：与中国相遇》，记录美国国家地理撰稿人保罗·萨洛佩科在中国八省一市历经一年的徒步行走，这也是较适合结合移动慢直播来呈现的题材。若日常以"慢直播＋短视频"全程实时记录，吸引观众关注、逐步积累人气，最终以纪录片来进行深入叙事和高品质呈现，这就超越了传统纪录片的概念，有望打造出一档更具传播力的跨媒介纪实产品。此外，近年来电视纪录片与纪录电影、网络纪录片的跨媒介叙事、融合式传播也引人关注。如《生门》《我在故宫修文物》等进行了有益的探索。此类跨媒介叙事有助于打造纪实内容 IP，扩大作品的传播力和影响力。在西方纪录片体系中，纪录电影处于产业链高端，在我国市场尚未完全发育，但随着经济社会的发展和人们品味的提高，纪录电影具有较大的发展潜力。

除了上述模式外，还有一些制作模式和美学形态值得城市纪录片借鉴和创新，如用固定摄像头连续拍摄的新观察纪录片，通过影视化手段反映历史事件的纪实剧，以及运用 8K/12K 超高清、虚拟现实（VR）、人工智能（AI）等新兴技术的纪实内容产品等。

三、探索"纪实+文旅",深化与文旅产业的结合

城市形象和城市文旅有着密切的关联,两者相互依存、相互促进。研究者认为,城市形象的塑造应借力现有的旅游资源,应着重构建旅游形象系统(王若镁、任洁,2017)。无论是借力还是构建,都离不开影像媒介的介入,其中纪录片具有独特的作用。一方面,文旅资源本就是纪录片拍摄的重要内容,且纪录片能够凸显一个城市、一个区域的人文基因和精神魂脉,而这正是文旅产业的核心价值与最吸引人的部分;另一方面,纪录片受众群体是旅游消费较为活跃、潜力较大的人群。

调研中发现,"纪实+文旅"不但有利于城市形象塑造,而且对文旅消费有明显带动作用。例如,人文纪录片《五大道》反映天津五大道历史文化街区的丰富遗存,全方位展现了津门文化的独特魅力。随着该片的热播,不少国内外游客慕名而来,为天津旅游产业带来了不菲的经济效益;浙派特色鲜明的《孤山路31号》《西泠印社》以精美极致的画面、饱满的文化内涵提升了杭州的城市形象,并带动了游客前往文化景点的"网红打卡";美食纪录片《寻味顺德》的热播甚至起到了重塑地区形象的作用。之前在很多外地公众的印象中,广东顺德是一个以生产家电、燃气具为主的制造业地区,而《寻味顺德》的传播,使顺德"世界美食之都"的形象逐渐深入人心,地域形象更为立体、温暖,更富有生活气息。就纪录片行业而言,加强与文旅产业的结合也具有现实意义。由于纪录片并非商业化程度很高的影像作品类型,如果纯凭广告投放、版权交易来回收成本,风险是较难预测的,通常难以为大规模投资带来回报。除了政治宣传性作品有较稳定的资金保障外,国产纪录片生产长期困扰于投资不足、回报率不高,加之近年传统媒体广告收入迅速下滑,生存危机凸显,因此应与相关产业和行业进行更为紧密的合作,争取在产业链上进行延伸、拓展,开发衍生经济价值。

城市独特的文旅资源是城市的宝贵财富,亦是对外进行城市形象展示

电视剧《繁花》的热播，引发上海黄河路等拍摄地的"打卡"热潮

的重要方面。在全面提升城市软实力的背景下，上海正以建设"高品质的世界著名旅游城市"为目标，打响上海旅游品牌，提升文化大都市吸引力。上海文旅部门近年着力打造以"党的诞生地"为地标的红色文化旅游集群、以"建筑可阅读"为标志的海派文化旅游集群、以水乡古镇为核心的江南文化旅游集群、以魔力时尚为特征的国际文化旅游集群等四大文旅融合集群。[1] 上述规划需要立足全媒体传播，进行多方位的实施。2023年，王家卫导演的电视连续剧《繁花》的热播，掀起了上海文旅新热潮，人们对上海的城市地理及人文历史的关注度明显攀升，不少游客前往黄河路、和平饭店、上海影视乐园等地"打卡"，体现出优秀影视产品塑造城市形象、带动城市文旅的巨大能量。虽然纪录片在传播热度上未必高于影视剧与综艺节目，但具有非虚构性、可长尾传播的特点，且投资额要小得多，在城市影像传播中具有独特优势和价值。上海纪录片创作生产应进一步探索与本地文旅产业更紧密的结合，策划推出既有益于城市形象塑造，又能带动文旅消费的作品。上海广播电视台纪录片中心推出了百集微纪录片《建筑可阅读》（2022），以每集90秒的时间，展示上海最具魅力的优秀历史建筑，用创意微纪录片的方式带领观众阅读建筑、讲述故事、漫步街区。这即是有益的"纪实+文旅"的尝试。纪实影像和文旅产业的结合发展还处于市场导入期，存在从松散到紧密、从浅层到深层的巨大空间。

---

1. 方世忠：《全球城市视域下的文化软实力》，上海市文化和旅游局官网，http://whlyj.sh.gov.cn/wlyw/20211103/767879edbfbb44f7acb955e7915ffbad.html.

系列微纪录片《建筑可阅读》（2022）宣传片截图

近年来，在文旅融合的背景下，一些地方政府也高度重视发挥纪录片对文旅产业的带动作用。例如，《寻味顺德》在立项之初就由顺德宣传部门和旅游部门参与，和电视媒体共同制作出品。文旅广电部门应细化研究在政府管理、制度设计层面如何支持纪实影像与文旅产业的结合发展。在"纪实+文旅"方面可采取的支持措施包括：鼓励纪录片创作生产与文旅项目的结合，对于此类优秀选题给予一定的资金和政策扶持；优化管理部门与文旅企业、制作机构、播出平台间的沟通机制，孵化更多"纪实+文旅"的优质产品和服务；推动纪实影像与文旅景点的线上线下结合，提升文旅景点的知名度和辨识度；加强媒体机构与文旅企业的资源协同，通过全媒体矩阵传播，提升"纪实+文旅"作品的宣推力度等。

四、协同长三角创作力量，体现城市群引领作用

2018年11月，长江三角洲区域一体化发展上升为国家战略。上海在长三角一体化中处于龙头地位，因此上海的软实力建设离不开与长三角地区的协作与联动，在城市传播方面亦需整合长三角传播资源，提升长三角城市群的国际影响力。长三角地区是中国纪录片创作生产、人才集聚和产业探索的重要地区之一。SMG亦期望打造"立足上海、辐射长三角、面向中国"的纪录片内容基地，进一步提升海派纪录片在海内外的影响力。协同长三角创作力量，有利于提升海派纪录片的包容性和开放性，更充分地用好用活红色文化、海派文化、江南文化资源，多侧面、立体化地讲好上海故事，

体现上海在长三角城市群中的引领作用。

  2020年7月，上海、江苏、浙江、安徽四家广播电视台共同启动长三角纪录片联盟，旨在以天然的地域联系、共同的文化基因和密切的社会交流为纽带，谋划具体业务合作的有效落地，切实推动长三角地区纪录片产业的协调发展和共同繁荣。联盟成立后，组织参与了"2020长三角重大主题纪录片创作分享会""长三角一体化纪录片高质量创作研讨会"等活动。长三角纪录片联盟的成立有利于联合各方力量，更深入地以纪录片为影像载体发掘、呈现长三角地区的经济社会发展及相互间密切的人文关联。但同时也应看到，纪录片联盟仍是一个松散的组合，若缺乏有效的组织运作机制和资源共享设计，容易走向自生自灭。在四方合作的联盟架构中，需完善制度设计，建立长效机制，调动各方参与的积极性，联合打造纪录片IP，形成优势互补的纪录片生产和传播共同体，涵盖选题策划、投资招商、拍摄制作、宣传推广、版权运营等产业链环节。

第四节
海派纪录片全球叙事和对外传播策略

"软实力"概念提出者为哈佛大学教授约瑟夫·奈，他强调了文本叙事在一个国家构建国家关系上的重要性，认为在信息时代处理国际事务的成败取决于"谁讲的故事更动听"。[1] 这一观点反映了国际传播和全球叙事能力对于国家综合实力评估的重要性。党的十八大以来，我国大力加强国际传播顶层设计和统筹布局，加快构建中国话语和中国叙事体系，讲好中国故事，传播好中国声音。纪录片因兼具非虚构性、影像性、人文性和艺术性，是国家、地区和城市记录历史、留存记忆、传承文化的重要影像工具，也是进行国际交流、文明对话、展示软实力的良好载体。

海派纪录片有深厚的外宣基因，近年上海宣传管理部门在纪录片对外宣传、国际传播方面支持力度较大。上海出品的《中国面临的挑战》《海上丝绸之路》《东京审判》《亚太审判》等作品在国外媒体播出，并获得了洛杉矶地区艾美奖、亚广联奖特别奖、中国新闻奖等诸多奖项。2021年11月，上海市政府新闻办公室与上海广播电视台纪录片中心共同策划、推出大型历史文献纪录片《大上海》的多语种版，包括中文、英文、法文、俄文、阿拉伯语、西班牙语、日文共7种语言，在上海广播电视台旗下的新媒体内容平台"百视TV"上线展映。该片全景展现了上海170多年的城市历史轨迹和发展建设历程，深刻诠释了上海城市精神和城市品格，是新时代海派纪录片国际传播的大手笔。面向新时代赋予的新使命，海派纪录片需进

---

1. Nye Jr. J. Transcript of Witness Testimony to the House of Lords Select Committee on Soft Power and UK Influence. https://www.parliament.uk/globalassets/documents/lords-committees/soft-power-uk-influence/uc151013Ev10.pdf, October 2013.

一步提升全球叙事和对外传播能力，推出一批基于"上海实践"题材讲好"中国故事"的优秀作品。

大型历史文献纪录片《大上海》开展多语种对外传播

一、多发掘海外观众关注的题材内容

在对外籍人士的深度访谈中，都问到了一个问题："您希望在上海题材的纪录片中看到哪些方面的内容？"结果主要指向以下几类：

（一）历史文化类

国际大都市通常都拥有展示自身历史文化特质的精品纪录片，如美国公共电视网（PBS）出品的《纽约编年史》（*New York: a Documentary Film*，2003）讲述了纽约从由荷兰人建城到"911"被恐怖分子袭击共400多年的历史。该片用抒情的方式展现纽约的街道与建筑，将美国的历史交织在对纽约的城市形象刻画中，唤醒了观众的集体记忆，引发广泛共情。NHK制作的纪录片《东京：不死鸟都市的百年春秋》（2014），从世界各地收集了从明治到昭和时代的纪录影像，其中还有不少是私人影像，并利用先进技术将这些历史影像彩色化，借助色彩重现来回顾东京从灾害、战乱到重生的百年变迁，融入普通民众的命运沉浮，凸显出东京在经历严酷的地震和战争后，像不死鸟一样重生的城市性格。

在对外籍人士的访谈中，上海的历史文化及艺术是受访者提得最多的题材类型，约有2/3的人提及。包括城市的发展进程、历史故事、老上海面貌及博物馆、歌剧舞蹈等。一座城市的历史底蕴和传奇故事是软实力的重要来源之一。从访谈情况看，海外观众熟知当今上海的繁荣发展，但对上海的历史却普遍知之甚少。由于上海开埠后独特的历史背景，海派文化具有中西交融的特点，系中国吴越文化、江南文化与西方工业文明相互融合形成，是中国近代以来最具活力的地方文化之一，因此对西方国家人士具有一定的文化接近性。有研究者以国外12个国家1171个大样本公众调查数据为基础，加上在国内开展的对中国有深度接触的小样本外国公众评价数据，对上海文化吸引力指标进行分析检验后发现，三大文化品牌吸引力排序为：海派、江南、红色（韩瑞霞，2023）。本研究对外籍人士的访谈中，一些具有代表性的回答则主要聚焦在海派文化方面：

"为什么我觉得这个很重要，是因为很多人都以为上海没有历史、没有文化，但其实不然，虽然它的文化不同于北京、西安那种文化，但也是它的特点。"（26/俄）

"我希望看到过去175年来，这座城市的建筑和城市设计经历了一段什么样的变化，以及关于社区生活和物质条件变化的历史。"（01/美）

"希望看到和上海历史有关的内容。比如1920到1950年代犹太人群体在上海所居住的建筑以及背后的故事。"（07/法）

"我想要从纪录片中看到1843年上海开埠前后的变化、民国时期的繁华、改革开放后浦东的发展等方面的内容。"（22/新）

"我想看到关于陆家嘴的成长过程，因为在1990年之前就是一片空地，这种发展的感觉就会让人觉得非常奇妙。"（15/加）

"我希望在纪录片中看到传统文化与现代生活方式相结合的海派文化，包括建筑文化、咖啡文化、下午茶文化以及爵士文化等。在现代海派文化方面还可以多发掘些题材，比如夜经济、科技设施、新型休闲娱乐体验等元素。"（23/泰）

"可以从20年前的上海这一时间线开始，然后慢慢地随着时间推移，看它是如何发展它的各种项目，从这些项目中看到城市是怎么规划的。另外，我也想要了解上海这一座城市的所有不同部分是如何形成的。"（21/巴）

事实上，对于上述题材国产纪录片已有不少涉猎，但外国受访者似乎难以举出令其印象深刻的作品，因而还需继续加强创作生产和对外传播。研究者认为，上海的经济中心、金融中心的形象，在某种程度上削弱了文化的多样性和内在气质。上海要精确定位自身的文化特色，以作为城市形象的文化内核，打造核心的文化地标，进一步凝练海派文化的特色，从而便于城市形象的传播（徐剑、沈郊，2018：71）。在这一过程中，兼具真实性、人文性和艺术性的纪录片起到不可或缺的作用。除了对外籍人士颇有吸引力的"老上海"风情外，上海正推进全球影视创制中心、国际重要艺术品交易中心、亚洲演艺之都、全球电竞之都、网络文化产业高地、创意设计产业高地建设，为纪录片创作生产提供了丰富的、具有时代性的文化资源。无论是国家软实力还是城市软实力，其基础在于文化。上海正在建设"人文之城"，海派纪录片需充分发掘底蕴深厚的江南文化、中西并蓄的海派文化及励志传奇的红色文化，并以利于跨文化传播的方式予以呈现，助力城市形象塑造和城市软实力提升。

（二）社会现实类

也有不少受访者提到，希望在纪录片中更多了解上海的市民生活和城市治理，甚至未来的发展趋势，总体上非常强调人本化表现。

"上海题材的纪录片我看得挺多的，但较多的是更有针对性的主题。国外拍摄的城市纪录片，我觉得优势在于'以人为本'，能够让人成为城市的主角。如果缺少对人的关怀，再发达的城市也是很难吸引人的。人是主角，不是背景板。一座城市是由人组成的，拍城市的特点不如去拍普通人的生活，拍城市的发展不如去拍普通人的变化。"(30/土)

"由于上海的发展很快、变化很大，所以我想看到一些关于老上海人生活的内容，比如一些家庭生活的变迁，过去居住在石库门建筑中的人，他们是否从市中心搬迁出去，后来状况如何。"(09/德)

"我想看一些第一人称的东西。真正的上海人、上海白领是怎样生活的，他们的烦恼是什么？"(19/韩)

"如果从大巴司机、马路清洁工等工人阶级的角度来拍摄会很有趣。"(05/英)

"比较想看到从城市建设者到普通市民的生活，包括城市农民工（migrant workers）生活的改变。"(02/美)

在不少外国人印象中，中国形象多以国家和集体呈现，普通个体似乎被隐藏和埋没在背后。然而个人的生活经历、生命体验和真情实感正是最能够引发共情、促进跨文化传播的内容。如长期在中国拍片的奥斯卡奖获得者、英国纪录片导演柯文斯所言："我要讲述的不仅是中国小康的故事，更是中国人的故事。他们每一张鲜活的面孔背后都有着与外国观众一样的喜怒哀乐，奋斗与梦想，艰辛与拼搏，正是这样一个个真实个体构成了当下的中国。"[1]

（三）旅游美食类

此类纪录片是市场需求较旺、常做常新的类型。旅游美食资源的影像化展现能够有效提升城市的吸引力，更是跨文化传播的重要手段。

"我比较想看到由外国人主持的上海旅游类纪录片，主持人可以和当地人交流，带领观众了解到西方人所不了解的上海，比如说大量精致的西餐厅、特有的咖啡文化以及中文摇滚乐队的演出。上海夜晚有很多年纪大的女士会在公园跳舞，对西方人来说都非常有意思。也可以通过主持人的亲身体验和记录来介绍崇明岛，这是个十分适合露营的地方。我和我妻子都很喜欢看一档美食纪录片叫《菲尔来蹭饭》（*Somebody Feed Phil*），这是我看过最好的旅行纪录片，可以借鉴。"（14/ 加拿大）

"要消除文化隔阂的话，首先可以拍上海的饮食文化。虽然外国有很多中国餐厅，但是外国人仍然对中国的特色美食充满好奇。其次还可以拍传统文化，比如上海的旗袍文化。"（30/ 土）

"由于在沪时长较短，对上海的了解还比较浅，我更希望在上海纪录片中看到旅游和美食相关的内容。等我在上海的居住时间更长一些，我可能也会对上海的历史等更深刻的内容更感兴趣。"（18/ 韩）

"我希望在纪录片里看到上海的美食啊、特色街道啊什么的，那种以散步的视角去记录的纪录片。"（16/ 日）

外籍人士对旅游美食类纪录片的旺盛需求，也表明了前文所述"纪实+文旅"发展的必要性，两者更紧密的融合也将有利于国际传播。

---

1. 周琳：《奥斯卡获奖导演镜头下的中国》，《今日中国》，2021年第8期。

（四）生态环保类

生态环保题材是当前国际纪录片最为重要的题材类型之一。多位西方外籍人士认为，上海的纪录片可以多关注环保题材，因为中国是世界第一大碳排放国，但中国政府表现了坚定落实《巴黎协定》（The Paris Agreement, 2015）的意愿。因此，优秀的生态环保纪录片能够体现中国对世界所承担的责任。

"在国外，人们根本不知道中国为了环保做了那么多的努力，比如说塑料袋被限制使用，材质也在不断更新。虽然中国人还是有点浪费，但是也有很多努力的尝试，可以发掘其中的故事。"（08/德）

"我曾经看到过上海的一部宣传片中有垃圾分类的内容，上海其实在环保、可持续发展上做得很好，可以通过纪录片给予更多的展示。"（07/法）

根据面向2035年的城市总体规划，上海正致力于建设"生态之城"，生态环保类纪录片也有益于呈现上海寻求绿色发展的良好城市形象。

二、借助"他者"视角加强文化转译

在国际舆论场的斗争中，对外传播要注重"认知转译"，用西方的认知体系或者说文化基因来讲述我们的故事（曾庆香，2021）。由于文化和制度背景不同，外宣纪录片常常会出现信息传播和接受不畅、编码和译码出现错位的状况，导致歧义甚至误解的产生。缺乏认知和文化转译、以"自塑"的方式对外传播越来越难取得海外观众的共鸣，而借助既具有"他者"视角又了解中国国情的外籍导演、制片人和专家，以"他塑"方式起到信息中介、符码转换作用，有利于促进传受相通，减少文化折扣，增强可信度，提升传播效果。在中国题材纪录片的国际传播中，历史上荷兰纪录片大师伊文思、苏联导演罗曼·卡尔曼等人曾起到过重要作用，近年来也有罗伯特·库恩（Robert Lawrence Kuhn）、迈克尔·伍德（Michael Wood）、柯文斯（Malcolm Clarke）、竹内亮等主持或导演的作品在国际上取得良好反响。习近平总书记指出，要全面提升国际传播效能，建强适应新时代国际传播需要的专门人才队伍。要广交朋友、团结和争取大多数，不断扩大知华友华的国际舆论朋友圈。[1]这说明，知华友华的外籍专业人士应当也是国际传播队伍中不可缺少的一部分。"不断扩大"意味着朋友圈不能总是几张老面孔，而是要持续吸引新的外籍人士加入，共同讲好中国故事。

上海广播电视台曾推出共三季系列纪录片《中国面临的挑战》，中国改革友谊奖章获得者、美国资深中国问题专家罗伯特·库恩起到了重要转译作用，是作品获得成功的关键所在。近年，又与英国导演罗飞合作推出了《行进中的中国》。2021年底，上海广播电视台纪录片中心制作的《百年大党——老外讲故事·上海解放特辑》（Witness a New Dawn，以下简称《上海解放特辑》）由具有东亚史学背景、已在上海生活二十余年的美国人费嘉炯（Andrew Field）教授担任嘉宾主持。通过新旧政权交替过程中的关键节点和标志性事件，讲述中国共产党接管大上海、经受住管理大城市考验的故事，将历史回眸和今昔对比相交织，使海外观众领略到了这座城市的独特历史和厚重力量。

《老外讲故事·上海解放特辑》中费嘉炯（Andrew Field）讲述上海故事

该片的一大亮点即来自"他者"视角的观察和讲述，且"他者"视角不仅体现在叙述者异质文化背景的身份，还体现在话语文本的来源上。话

1.《习近平主持中共中央政治局第三十次集体学习并讲话》，中国政府网，https://www.gov.cn/xinwen/2021-06/01/content_5614684.htm.

语研究表明，任何话语文本都选择、吸收或转化了其他文本，体现为互文性的建构。与其他"他者"视角看中国的纪录片相比更具特色的是，《上海解放特辑》利用上海的国际化积淀，构建出双重"他者"的讲述主体。除了费嘉炯实地走访讲述以外，还通过互文性建构体现当时在沪外籍人士包括新闻记者、外交官、企业高管等亲历者的观察。比如在《旧上海末日》一集中，主持人来到当时上海外国记者俱乐部所在地百老汇大厦（今上海大厦），追寻当年外国记者观察上海的视角；又前往位于外滩的友邦大厦（原《字林西报》编辑部所在地），还原英国编辑乔治·瓦因（George Vine）从此地捕捉到国民党把黄金从国库偷运出上海的过程。片中采用了许多全英文史料，包括当时《纽约时报》《每日镜报》的报道，美联社、路透社的电文，以及在沪发行的英文报刊如《字林西报》《密勒氏评论报》的文章，此外还有当时驻沪外交官及亲历者的回忆录、日记、未出版的口述史等丰富的文本内容，构成了另一重时间维度的"他者"叙事。如此多重"他者"的复调叙述，凸显了多元性和真实性，构建起一个较完整的信息和情感场域，对西方观众而言更具可信度和亲近感，有利于跨越文化和意识形态的隔阂，更为全面地认识上海和中国。该片登陆 YouTube、Facebook 等海外头部新媒体平台后，获得的播放量及阅读量超过 1 亿次。

三、通过提供"两面信息"优化效果

传播学研究的经典成果可以给纪录片国际传播提供诸多启发。对于重要议题的国际传播在本质上是一种劝服性传播，即"有明确意图的传者欲向受者施加影响的传播行为"。20 世纪 40 年代，以美国学者霍夫兰为首的耶鲁学派通过控制实验法，就传播诸要素如何影响劝服效果进行了富有成效的研究。其中包括在劝服方式上提供单面信息（即利于自己的信息和观点）或两面信息（即正反两方面的信息和观点）的效果比较。研究的结论是："单方面信息对最初赞同该消息者最有效，而正反两方面消息对最初反对该消息者最有效"。[1] 而且，接受两方面信息致效者的稳定性和持久性更强。此外，研究还表明，单方面信息对低学历者较有效，两面信息对高学历者更有效。在后疫情时代，西方社会对中国的刻板印象加深，因此提供两面信息会比仅提供单面信息整体效果更好。例如CGTN制作的纪录片《武汉战疫纪》（*The Lockdown: One Month in Wuhan*, 2020）并未刻意回避疫情初期的问题，包括李文亮医生去世、市民们认为地方政府一度抗疫不力、3000余名医护人员感染多名牺牲等信息，都在片中得到呈现。该片如实反映了武汉疫情的发展过程，通过提供"两面信息"取得了良好的传播效果，在YouTube平台上的留言绝大多数为正向评论。

西方国家的城市纪录片也大多是提供"两面信息"。例如《纽约：美国最忙碌的城市》（*New York: America's Busiest City*, 2016）是一部在国际上传播度较高的城市纪录片，该片既介绍了纽约的交通、物流、餐饮业运作的状况，体现了城市建设的成就，但同时又深入市井，站在民众角度，揭示庞大物流、垃圾流背后反映出的超级大都市社会根源问题。该片还以地标建筑中央公园作为切入点，讲述城市绅士化发展的趋势及阵痛：贫富不均、房价高涨、空间饱和等。而在Netflix出品的纪实剧《弗兰·勒博维茨：假装我们在城市》（*Fran Lebowitz: Pretend It's a City*, 2021）中，记录了作家、评论家勒博维茨和著名导演斯科塞斯关于"纽约生活"的讨论。两人对话中穿插的各种视频素材建构了纽约城市的实体形象，重现纽约城的历史文化记忆。片子中有"高得离谱的物价""因空气恶臭而关闭的地铁"这些看似是对纽约的抱怨，但仍表达出"即便如此，民众也怀有对纽约的永不放弃的热爱"。这都属于"两面理"的讲述方式，向全球观众展示了一个真实、可信的纽约形象，寄托了浓厚的社会关怀，观众在看完影片后其实对纽约的城市形象极少持负面观感。在外籍人士访谈中，一位美国教师说："我真的很喜欢以真实的光线描绘城市的影片。我

1.[美] 沃纳·赛佛林、小詹姆斯·坦卡德：《传播理论：起源、方法与应用》，郭镇之等译，华夏出版社，2000年版，第179页。

最近看过一些关于纽约和新奥尔良的影片，似乎充满困境且景观有些混乱破败，但对我来说非常有力——不是我想生活在那种环境中，而是因为它试图捕捉人在特定环境条件下的真实生活，这些影片缺乏光泽，但我非常尊重。"（01/美）

对于中国和上海在纪录片中的形象呈现，有外籍人士认为："很多国家的人其实是不相信中国真的发展得这么好。如果片子也是拍得完全金光闪闪（shining）、没有瑕疵的话就太夸张了，一点都不真实，所以片中包含越多的真实画面和人的真实生活，外国人有可能会更相信。"（08/德）"纪录片和城市宣传片性质不一样，也可以更多地展示城市中不那么完美的一面。"（20/印）因此，在上海纪录片的国际传播中，要增强劝服效果，应更多地尝试讲"两面理"而非"单面理"的叙述方式，展现真实、立体、全面的城市形象。这不但可以增强纪录片内容的可信度，也有利于传递上海开放、包容的城市品格，当然要掌握好两者的比例关系。对于媒体决策者和宣传管理部门而言，对于对外传播纪录片的审核，应充分考虑到海外观众的意识形态、文化背景和接受心理，以免导致"外宣作品内宣化"，搞成意识形态和发展成就的宣介品，仅有政治正确却无法形成跨文化认同。国家软实力、城市软实力都离不开价值观的感召力。中国主流价值观长期以来在国际社会存在被误读、被弱化的现象，在价值观表达的道路上任重道远。海外观众对于直接的、自我中心的、意识形态特征浓厚的价值观表达往往天然排斥，海派纪录片可以采取更具技巧性的叙述方式，向世界讲好中国和上海的故事。

四、以"轻传播"适应媒介生态变革

"轻传播"这一概念在移动互联网时代被越来越多的提及，或被用来描述社交化、碎片化的传播特征，或被用来探讨思想理论教育、重大题材作品这类厚重的内容如何适应网络传播环境。本文的"轻传播"属于后者，它相对于传统媒体垄断时代常见的"重题材、重传播"——厚重、严肃、平稳、单向输送、注重权威性和宣教作用而言。

"轻传播"首先体现为体量轻盈、内容精练。长期以来，城市题材纪录片多为体量大、时间长的作品，系列片居多，是一种标准的"重传播"，具有沉稳、规整的叙事结构和舒缓的叙事节奏。但在当今移动化、碎片化的传播生态下，"重传播"作品并不容易为观众所青睐。因此，城市题材纪录片有必要在"轻传播"方面进行探索。近年来，不少城市高度重视纪录片的国际传播，但未必均采用大片模式。如深圳推出的《深圳：移民实验》（*Shenzhen: The Migrant Experiment*，2018）片长仅18分钟，也并非投入很大的制作。该片短小精悍，紧扣深圳作为移民城市、年轻城市的特点，采访了来自美国、法国的创业者和国内移民及二代，凸显了这座城市广纳人才、崇尚创新等特征，以及逐渐摆脱"文化沙漠"标签的人文追求。该片在Facebook、YouTube等平台发布后取得了良好的传播效果。相关研究报告显示，2019年中国短视频用户使用时长首次超过了长视频。伴随着5G时代的到来，短视频不仅仅是内容传播的形式之一，也会成为数据时代"叙事视听化、视听叙事化"社交语言。[1] 未来城市题材纪实影像或将告别对大片模式的路径依赖，更多地与短视频、微纪录片等形式相结合，契合网络亚文化生态精耕细作，致力于网络视听表达手段的创新和升级，使城市题材作品更具活力，更适合移动互联网语境下的观看需求。

"轻传播"不仅体现为篇幅短小精悍，也指向网络生态中所偏重的一种轻快、活泼、灵动、有交互感和审美愉悦的内容传播方式及效应，更贴合年轻人群的审美趣味。例如，为适应网络化传播的需求，《上海解放特辑》制作方并未按照传统的大题材、大制作模式来操作，而采用了"轻量化"方式，用6个5分钟左右的微纪录片"举重若轻"地来讲述城市故事，契合了移动互联网时代人们碎片化的观影模式，荣获第26届亚洲电视节奖"最

1.《中国电视剧产业调查报告：2019年中国短视频用户使用时长首次超过长视频》，凤凰网财经频道，2019年12月11日，http://finance.ifeng.com/c/7sJqo1hv0CK。

佳新媒体纪实系列片"。在网络时代需注重将"高大上"与"小而美"相结合，使海派纪录片的发展更为均衡合理。管理部门在项目扶持上，也不应唯体量唯规模，应给予小体量、视角独特的作品更多的重视，鼓励单片、微纪录片等"小而美"作品的创作。

"轻传播"还可指向更为柔性、更富情感、更具亲和力的表达方式。国际化传播面临诸多阻隔因素，包括文化风俗、社会制度、意识形态等。如不正视这些阻隔，很可能导致两种情况发生：一是单向灌输，引起海外观众的反感和排斥；二是编码和解码发生错位，出现信息传播和接受不畅，海外观众无法真正理解传播者想要表达的意涵。如何打破这些阻隔？柔性传播、诉诸情感是一个有效方式。虽然文化背景不同，但既生而为人，都拥有共通的人性特质，如爱、关怀、同情心、尊重生命等。在对外籍人士的访谈中，也有多人提及影像传播中的情感和亲和力因素。因此，在国际传播中与其直接宣扬理念，不如将其融入情感故事之中，以跨越诸多重因素的阻隔，实现"润物细无声"的效果，这在有较强人际传播属性的社交媒体平台更为重要。

五、提升海外头部网络平台的可见性

传播平台与传播对象的适配性，对纪录片对外传播的效果有着至关重要的影响。例如，大型纪录片《大上海》翻译成七种语言在百视TV"《大上海》多语种观影专区"上线展映。但在访谈中发现，虽然外籍人士普遍表示对该片感兴趣，绝大多数人平时并不使用百视TV的平台，因此他们不了解相关信息，这样易导致内容传播的错位，即诉求是国际传播，但实际上难以到达目标观众。因此，包括纪录片在内的影像产品应当登陆外籍人士使用率较高的平台，如YouTube、Instagram等，才更具可见性，这是取得良好传播效果的基础。

尽管新冠疫情一定程度上遏制了物理上的全球化趋势，人们在思想上的碰撞和交流却比以往任何时期来得更便捷和频繁。以互联网为基础平台的社交媒体迅速发展，为人们提供了多角度观察的窗口和充分交流的可能。这有效印证了研究者对全球化"时空分延"特点的描述，即地理位置在构建社会性互动方面的作用越来越不显著，社会关系已经从地区性的情境中抽离出来，通过全球性的资本、信息及通信技术等的流动，在不同的时间和空间被重新构建。[1] 在时空分延、社会关系重构的大背景下，未来基于网络社交平台的传播力建设在国际舆论的博弈中显得尤为重要。

随着传播技术的迅速发展，清晰的民族国家边界在跨国数字平台之上变得愈加模糊，过去我国的外宣纪录片很难进入西方主流电视媒体，但当前可以充分利用海外网络巨头的平台属性设立官方账号，自主进行海外传播。CGTN、腾讯视频 WeTV 等对外传播机构均在海外头部社交媒体平台建立了账号矩阵，通过多种语言进行内容传播和营销推广。其中，CGTN 制作的《武汉战疫纪》（*The Lockdown: one month in Wuhan*），于 2020 年 2 月 28 日发布于在 YouTube 设立的官方频道 CGTN，该片以时间线为顺序，讲述了从 1 月 23 日武汉封城到 2 月 24 日总共 33 天时间里，武汉人民如何与疫情抗争的故事。该片上线至今已经收获了超过 2000 万的观看次数，约 3 万条评论，且评论大部分是正面评价。如果不是在 YouTube 这样的国际头部网络平台传播，是很难有如此大的传播影响的。

上海广播电视台纪录片中心已经于 2021 年 5 月推出了国际传播新媒体矩阵项目 DocuLife，该项目通过在 Facebook、YouTube、Instagram 等海外平台开设账号，重点打造以纪录片和文化类节目为主的国际传播新媒体平台，对外传播上海城市精神，树立国家良好形象，加强民心相通，推动中华文化和当代中国价值观念走向世界，提高中华文化软实力和中华文化影响力。除了播放优秀纪录片外，也通过短视频、二次创作等灵活的方式进行传播。未来有两方面需要重视：一是与 SMG 融媒体中心的其他海外

---

1. [英] 安吉拉·克拉克：《全球传播与跨国公共空间》，金然译，浙江大学出版社，2015 年版，第 118 页。

账号形成合力，将新闻资讯与纪录片统筹传播。由于纪录片的制作周期、发片频率较长，观众群也相对较小，因此完全靠纪录片内容支撑的账号粉丝群规模较难以拓展。例如 CGTN 的纪录片和新闻内容就是统筹传播的，否则很难有像《武汉战疫纪》这样的现象级传播。BBC 在 YouTube 上的账号 BBC News 也有纪录片上线。同为非虚构内容，日常新闻积累的用户为纪录片传播奠定了基础，而纪录片作为高品质内容也能为新闻账号增色。二是应研究 YouTube 等国际头部平台的平台语言和逻辑规则，加强官方频道运营和账号建设。如学者所指出，"互联网平台并非中立的'线上内容中介'，而是蕴含特定价值偏向与价值规范的技术人造物，具有强大实践后果的行走者。"（张志安、李辉，2021）因此，如何"借船出海"，充分用好外部平台和账号，仍是需要不断研究和探索的。有研究者建议，应以商业或者市场逻辑替换公共或政治逻辑，达成外宣媒体与全球平台在内容供给和服务提供上的高效对接，这样在全球互联网平台开展国际传播将有效提高市场占有率（姬德强，2021）。同时，纪录片海外传播还需防止因触犯日益复杂的监管要求，而遭到海外互联网平台的信息过滤和封禁审查。

六、注重区域化、分众化传播和推广

在国际传播中，全球化表达并不意味着所面对的海外受众都是同质性的，必须与区域化、分众化表达结合起来，如有条件甚至要做到"一国一策"，通过精准化传播提升实效。纪录片对外传播应掌握当地文化风俗和受众心理，根据各地域特点进行有针对性的传播和推广。一项最为重要的工作是：优化语种翻译工作，执行多语言版本、本地化配音方案，为海外用户提供一站式视听服务。当前纪录片国际传播中常见的中文配音加英文字幕的方式，从传播效果看还是比较粗放的，难以满足不同地域观众的需求。

要将区域化、分众化传播执行到位，是一个涉及环节众多的系统性工程。包括：根据不同国家、地区用户的文化背景和接受习惯，对纪录片进行差异化版本剪辑；精心提炼出纪录片所对应的当地社会热点，推出一系列有精彩亮点的短视频向用户有针对性地推送；分析当地民众的关注点、兴趣点，制造有热度的话题催生社交化传播，如新事物、新时尚、新科技、新生活方式等；充分联动海外主流社交平台，将各类渠道"为我所用"，利用多层次的传播与营销扩大纪录片的海外影响力；建立海外传播的效果评估机制，不断增强内容的适配度等。总体上，区域化、分众化传播需因地制宜、有的放矢，从粗放传播到精准传播，争取使纪录片内容以各种方式嵌入当地民众的生活议题之中，通过这些议题形成代入性观看效应。

在传播社交化时代，发挥"意见领袖"效应是重要的营销手段之一。全球化、网络化时代的文化传播没有国界，特别是对大众文化、流行文化而言，传统的地方社群和具有"脱域"特性的虚拟社群并存，人们往往根据各自的喜好进入地域边界消弭的跨文化经验场景中。不少海外用户对于部分华语明星、网红达人也有一定的熟知度，因此可尝试运用市场化、商业化营销方式，借助在海外社交账号有"出圈"效能的明星网红发声，弥补制作机构号召力的不足。此外，还可发动对外传播区域本土的"意见领袖"进行市场推广，打通内容与用户之间的隔阂，提高国产纪录片在海外传播的整体声量。

七、淡化对外纪录片的官方发布背景

在纪录片这一领域，有着明显官方背景的作品似乎并不受外籍人士的欢迎。例如有位受访者得知《大上海》进行多语种传播后的评价："我的一个反应是会想知道这部纪录片是否是上海政府官方制作的，如果是的话我可能就不会感兴趣了。因为你会知道制作者想让你看到什么。"（15/加）这当然是一种典型的"刻板印象"的体现，政府背景制作的内容被先入为主地打上"宣传"的标签，但这的确是较普遍存在的现实状况。又如，《武汉战疫纪》获得良好传播效果后，CGTN 于 2021 年底推出的另一部纪录片《对决新冠病毒》在 YouTube 上播放量却一般。据分析，这与 YouTube 平台注明了 CGTN 的官方媒体性质及可能采取限流措施有关。因此，对于旨在国际传播的纪录片，淡化官方背景可能实际效果更好。例如在宣传上不强调政府发布性质，鼓励民营制作机构和独立导演的参与，吸纳国际纪录片同行进行合拍合制，尽可能消解政治话语的宣教色彩，以多元化的话语表述方式获得国际受众的共鸣。

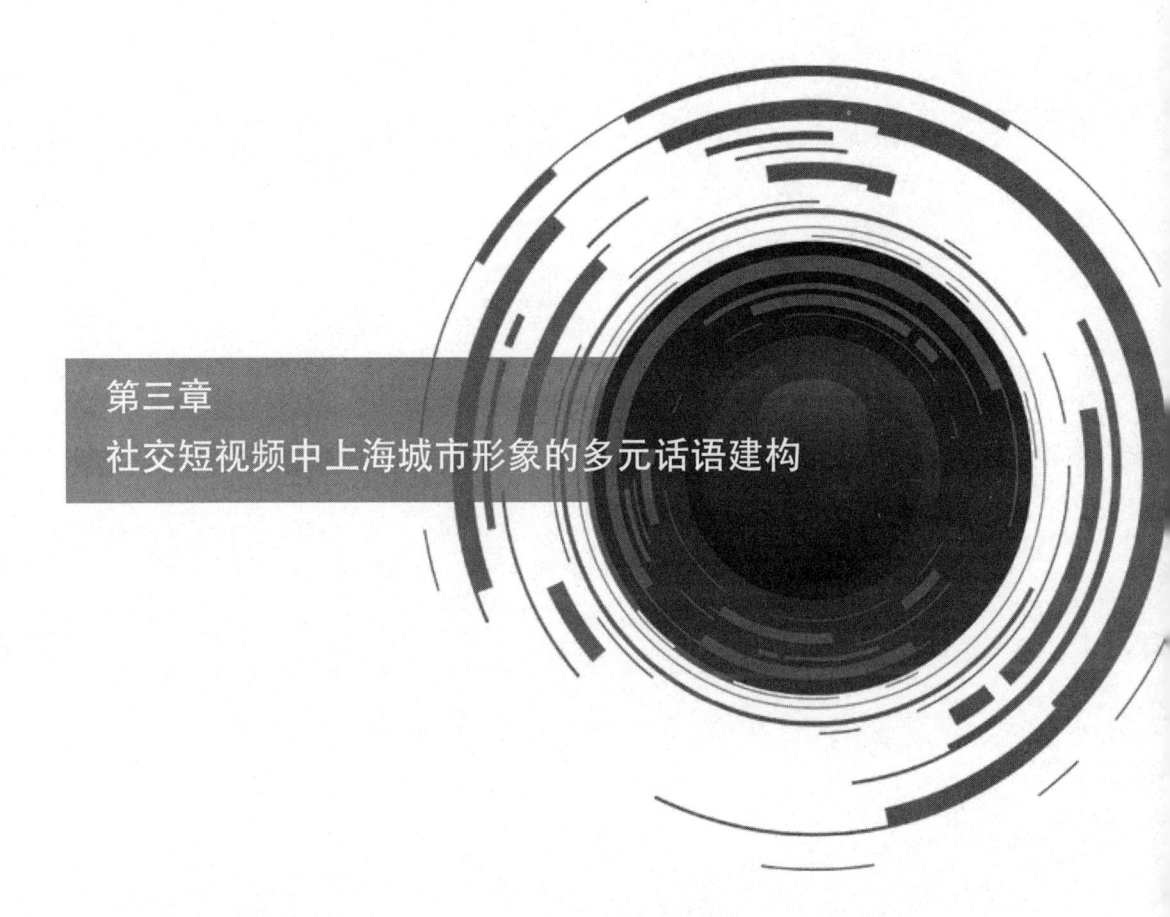

第三章
社交短视频中上海城市形象的多元话语建构

短视频依靠低门槛、现场感、多样化、灵活性和快消费等特征，搭建了用户、场景和内容之间的桥梁，使得城市传播的模式发生了改变，从机构生产、精英生产向大众生产、公民生产延拓。从过去有时空阻隔的离身叙事，转换为离身叙事与具身实景体验的结合。政府作为城市形象塑造的主导者，可通过多种媒介手段将政治话语、精英话语转化为民间话语、草根话语，将城市特质和价值内化于民众的短视频实践之中，优化城市形象建构的效果。

第一节
短视频赋能城市传播

在当今移动化、社交化、视频化的传播生态下，社交短视频对城市形象塑造的功能凸显。研究者多立足于用户生产内容（UGC），关注普通公众拍摄实践中的城市形象建构。因为"短视频的城市形象是每个个体的身体实践建构出来的"。（孙玮，2020）。相关研究对重庆、西安等"网红城市"的论述很多，而关于上海题材短视频与城市形象塑造的论述相对较少。有研究者以自媒体Vlog《在上海》为例，对Vlog呈现出的碎片化、年轻化、多元化的城市影像特征展开分析，阐述了其对城市形象塑造及传播的影响（麻熙玉，2020）。也有研究者关注官方政务短视频在城市形象传播中的角色，如以"上海发布"政务抖音号等发布的短视频为研究对象，透视官方视角下短视频平台中城市形象传播的可见性（邓元兵、范又文，2021）。在不足方面，有文章指出，上海城市形象的传播文本存在"碎片化"的特征，呈现多是各类经典的拼贴，没有一条完整的逻辑线索，不能形成整体叙事。而在民间自发的自媒体传播过程中则更是如此，它们本应该成为城市形象叙事的一个重要补充（任静，2021）。本书从对短视频社交可供性的理论梳理出发，主要结合抖音平台及其海外平台Tiktok的城市传播实践，探讨如何优化社交短视频对上海城市形象的塑造，赋能上海城市软实力建设。

一、短视频与社交可供性

短视频起源于3G时期，在4G时期随着网速制约的显著缓解和资费的下降，如燎原之火蓬勃发展起来。"短视频技术赋予了普通人视频记录权、创作权,并逐渐形成一种新的视频化生存方式。"(彭兰,2020)当前,无论是商业平台、自媒体还是主流媒体、行业机构的内容输出,无论是 PGC 或 UGC 视频产品、社交应用还是品牌植入、电商带货,短视频都是当仁不让的主角之一,构成了一种特有的媒介现象。据中国网络视听节目服务协会发布的《中国网络视听发展研究报告(2023)》统计,截至 2022 年 12 月,我国短视频用户规模达 10.12 亿,人均单日使用时长超过 2.5 个小时。短视频已成为网络视听行业发展的主要增量。

媒介平台对于短视频的追捧,可从可供性视角进行解释。"可供性"概念(affordances)源自生态心理学研究,后被引入传播学研究领域。媒介可供性研究致力于观察和解读媒介(平台)和受众(用户)之间的供给、接受、感知和互动关系。相关研究认为,媒介可供性可分为信息生产的可供性、社交可供性和移动可供性。其中,社交可供性则包含可致意、可传情、可协调和可连接四个方面,指向调动情感表达、构建社会关系网络等能力(潘忠党、刘于思,2017)。不同于传统媒体时代基本局限于信息生产的可供性,今天社交可供性在媒介与用户的互动关系中起到重要的作用,"媒介的社交可供性越强,用户利用媒介传情致意和构建关联的可能性就越大,媒介对用户激活的程度也就越高"(喻国明、赵睿,2019)。5G 时代的"万物互联",促使内容与社交的分界愈加模糊,社交可供性在媒介可供性体系中的地位将进一步提高,内容的传播除了固有的信息属性之外,也越来越多地体现出指向社交性互动的情感属性和分享属性,成为构建、维护和发展社会关系网络的"黏合剂"。

近年,强化社交可供性成为媒介平台重要的战略发展方向。在新技术的驱动下,媒介在社交工具和介质手段的提供和运用上,也呈现出有别于以往的种种新形态。在 4G 条件下,受制于网速和流量,人们以微信、微博为核心场域的网络社交仍是以图文和语音为主要方式,但已经遭受到抖音、快手等短视频平台的强有力挑战,而 5G 时代适合互联网语境和碎片化传播的短视频正成为关键着力点,成为连接、黏合社交圈的重要载体和工具。近年各大社交平台纷纷推出新应用，引导用户更多地使用视频来进行交流、分享，以增强用户使用时长和黏性。例如，2019年初抖音推出了面向90后的视频社交软件"多闪"，以"随拍"短视频为主要功能，更侧重以视频为载体的聊天体验；而其竞争对手微信则推出了"视频号"，力图打破抖音和快手对短视频内容的垄断，巩固自身作为国民社交平台的地位；微博推出了小视频合集流，收录时长小于5分钟的视频内容，每个博主可建立多个不同的合集。从各大平台、运营商面向5G时代布局观察，短视频作为人们社交行为重要纽带和载体的功能将得以进一步强化。事实上，短视频所具备的拍摄制作便捷、用户易于参与、碎片化传播、场景化呈现等特征，使之除了强化媒介平台的社交可供性外，对生产可供性和移动可供性亦有明显促进作用。

二、城市影像传播范式的改变：离身叙事与具身体验的结合

由于短视频具有极强的社交可供性，当以短视频集成传播为主营业务的头部平台兴起后，便深刻地改变了城市空间呈现、城市故事讲述及城市形象传播的方式。就城市影像而言，其最为突出的变化是：过去其长期被机构生产所把控，而网络时代大众生产在强势崛起。短视频依靠低门槛、现场感、多样化、灵活性和快消费的特征，搭建了用户、场景和内容之间的桥梁，其介入使得城市传播的范式发生了改变，从机构生产、精英生产向大众生产、公民生产发展，从过去由形象宣传片、纪录片、专题片等主导的、有时空阻隔的离身叙事，即李普曼所言的"拟态环境"的构建，转换为离身叙事与具身实景体验相结合的载体形式，实现了"拟态环境"和"现实环境"的相融。短视频打卡作为一种新的传播形态，不断塑造着城市空间与人的连接方式，并以海量碎片化视频描绘着动态立体的城市形象图景，学者将这种文化现象概括为"我们打卡，故城市在"（孙玮，2020）。公民借助新的媒介技术和影像形式，在操演、仪式中完成了与城市影像创作

者的互动和对城市的深层认知（刘娜、常宁，2018）。人们通过自拍短视频在物质性的景观、建筑和空间之中融入人格化呈现的成分，将线上传播数字城市和线下打卡物理城市有机结合了起来，迸发出巨大的传播效应。其效应的来源如林奇所说："城市中移动的元素，尤其是人类及其活动，与静止的物质元素是同等重要的。在场景中我们不仅仅是简单的观察者，与其他的参与者一起，我们也成为场景的组成部分"（林奇，2017：1）。

　　城市形象的塑造离不开民众的生活实践，人民群众是城市形象传播的主体，城市市井中那些琐碎而鲜活的片段往往更能引发用户共鸣。如果说官方发布的城市形象宣传片要顾及的方面太多，在有限时长里很难充分体现普通民众的生活，主题性纪录片又偏于精英话语叙事的话，那么社交平台上的短视频则有广阔的空间呈现具有人情味和个性化的城市形象符号，在以大众话语、草根话语凸显生活化城市形象的同时拉近与民众之间的距离。如研究者所言，短视频是赛博城市一种典型的影像传播实践。它不仅仅是城市的表征，而是渗透在赛博城市的肌理中，成为建构社会的视觉性力量（孙玮，2020）。由于短视频所建构的城市形象更加亲民和生活化，拼接出更为丰富多彩的城市图景，当前已成为城市品牌营销的全新媒介载体。在社交平台巨大的流量关注下，一批网红城市、网红景点陆续出现，在促进文旅消费的同时，也拓展了城市作为人类栖居之地的人文向度。在对外传播方面，随着国际传播生态的转变，城市对外传播也应顺势而为，由硬性传播向软性传播转向，尽量避免"政治化的宏伟叙事"，加强民间叙事方式的"软着陆"（费雯俪、童兵，2021）。而短视频正是当今民间影像叙事的主流方式。

三、抖音的城市传播实践

　　抖音是当前中国最具传播力的视频社交平台，根据《2020 抖音数据报告》显示，截至 2020 年 8 月，抖音平台国内日活跃用户（DAU）达到 6 亿，日均视频搜索次数突破 4 亿。抖音是一二线城市用户占比最高的短视频平台，因而成为城市影像内容的主要网络载体。2016 年 9 月才上线运营的抖音之所以在短短几年就拥有如此强的城市传播力，主要原因在于：

首先，抖音以娱乐化、情感化、带有平民艺术性的短视频为传播载体工具，将视频与社交紧密结合，契合了移动化、视频化和社交化时代民众的需要；其次，抖音平台以青年人为主要用户群体，持续开发贴纸、滤镜、美颜及背景音乐、各类特效等年轻态元素，并通过身份标签设立、热门话题挑战、算法智能推荐等使陌生人通过相似性形成虚拟社区，从而实现精准的市场营销；最后，由于抖音平台所实行的独特的二次流量加权推荐机制，使得非大 V 的用户同样可以凭借优质的内容获得巨大的流量关注，激发了普通用户参与的积极性和踊跃度。发抖音、刷抖音已经成为大量年轻人群的重要休闲娱乐活动之一。在抖音城市传播方面，巨量算数《2023 美好城市指数白皮书》调查显示，仅 2023 上半年，抖音平台"城市"相关概念播放量就超 19,853 亿次，分享量超过 51 亿次，比 2022 年同期增长 39%。从 2022 年到 2023 年，将抖音作为了解城市与旅行主要渠道的用户占比稳定在 75% 以上，约九成的用户会主动通过抖音搜索特定的城市信息。城市内容在线上的传播效率及互动方式的迭代，进一步显示了注意力经济向体验经济转型的趋势。

当前，社交短视频传播对城市最直接、最显著的影响表现在旅游营销方面。据统计，各个城市群热点短视频的标题中，出现频率最高的都是当地城市的名字（潘霁等，2020：106）。研究者认为，抖音推动了传统旅游营销主体从政府机构向民间个体的转向，相应地形成了官方旅游传播话语体系与民间旅游传播话语体系两大阵营双轮驱动的现状（幸念、陈挚，2021：471）。2018 年 4 月，抖音发布了"抖音美好城市"计划；2023 年 8 月，抖音又推出"城市漫游计划"，激励用户使用图文记录城市影像，给予相关视频流量支持。由于抖音平台与旅游目的地是共赢关系，前者为后者提供了一个全民参与的巨大推广平台，且能够节省在传统宣推模式下投入的大量营销费用，而后者的支持能够使前者的下载量更大、使用率更高、内容更为丰富，因此双方的合作逐渐增多，共同以短视频形式挖掘当地的自然与人文资源，基于抖音平台海量用户进行精准个性化传播，打造移动互联网时代的城市新名片。

事实上，"短视频传播+网红景点+旅游打卡"这一现象，与城市形象塑造密不可分。短视频造就了一个个网红景点，同时对人们心目中的整体城市形象有不同程度的修饰、填补甚至转变作用，在不断累积中潜移默化地使城市形象发生演变。例如，长期以来一直给人历史古都印象但现实亮点并不突出的西安，之所以近年来脱颖而出成为富有现代活力的"网红城市"，与其高度重视新媒体和短视频传播密切相关。2018年4月，西安市旅发委较早与抖音短视频达成合作关系，双方计划基于抖音的全系产品，在世界范围内宣传推广西安的文化旅游资源，包括通过文化城市助推、定制城市主题挑战、抖音达人深度体验、抖音版城市短片来对西安进行全方位的包装推广。抖音还在 TikTok 和 musical.ly 等海外产品上线了与西安相关的挑战活动，并定制了兵马俑、肉夹馍的特效贴纸，帮助传播西安的美食美景和民俗文化。又如，关于重庆的城市形象塑造，传统"山城"这一概念早已深入人心。然而2018年以来，当短视频传播使得原本不温不火的洪崖洞吊脚楼建筑群、穿过住宅楼的李子坝轻轨站等景点在社交平台爆红后，"山城"的形象已在一波波、一轮轮的海量短视频中逐渐转变为"8D城市"的形象，"8D城市"基于而又超越了仅指向地理地貌的"山城"，而体现出一种具有后现代主义色彩的魔幻感、解构性，散发出独特的迷人魅力，这一形象转变吸引着更多的人去旅行、"打卡"、体验，特别是追逐新奇体验的年轻人群体，有效促进了当地的旅游业和经济发展。此外，近年如淄博烧烤、"尔滨"等快速走红的城市新IP几乎都离不开社交短视频及背后推荐机制的助力。

短短几年时间，抖音平台及相关传播实践已形成一种城市形象建构和城市传播的新样态。移动互联网时代人人参与、喷薄涌现的"草根"短视频突破了官方宣传推广模式，建构了全新的城市图景。在传统媒体时代，政治、经济实力强的大都市天然就具有更强的传播力，其他城市很难企及。但是在抖音、快手等短视频社交平台上，虽然以一线城市为代表的大城市总体上仍拥有较强的传播热度，但城市传播力与城市的硬实力并不一定相称，发生错位的情况比传统媒体时代明显增多，二三线城市有了更多的曝光度和可见度，为其城市传播提供了新的空间和机遇。当前，杭州、重庆、成都等网红城市的传播力并不逊于北上广深，甚至有阶段性超越之势。此外，哈尔滨、长春、东莞、佛山、廊坊、金华等城市的传播流量也超越了自身的政治经济地位。在网红城市的图景中，"城市形象塑造不再囿于物理空间的限制，甚至不再囿于经济实力等的限制"（潘霁等，2020：183）。因此，作为一线城市的上海在短视频竞争中不会"躺赢"，需要民间和官方合力，不断优化短视频传播，赋能城市形象塑造和软实力建设。

第二节
上海题材抖音短视频传播概况

一、总体状况分析

　　个体化、娱乐化叙事基因的民间影像生产如何助力上海城市形象塑造和城市软实力建设，亦是本书研究重点之一。由于字节跳动旗下的短视频社交平台抖音拥有庞大的用户群体，且集中于一、二线城市。因此，本书基于抖音平台的实践，研究短视频对上海城市形象塑造的赋能作用，以及提升和优化的策略。

　　从累计播放量、分享数、点赞数和评论数来看，上海与北京、广州、深圳、杭州、重庆、成都一起成为抖音平台城市形象建构场域中最为重要且稳定存在的七个巨型城市节点（潘霁等，2020：43）。此外，郑州、长沙、南京、西安、武汉、东莞等城市的可见度数据也处于中国城市的领先地位。抖音平台主要根据传播度、推荐度、吸引度、影响度、喜爱度五大维度计算城市的线上繁荣度（后增加"订单"和"搜索"维度），在此基础上发布美好城市榜单。近年各项指标排名在上述城市中略有变化，上海均位居前四位。在最受欢迎景点中，外滩、上海迪士尼、上海野生动物园等人气较高。根据巨量引擎城市研究院发布的《2023年美好城市指数白皮书城市线上繁荣度白皮书》，2023年1-6月，上海的线上繁荣度排名全国城市第一，领先于重庆、成都、广州、深圳、北京等强劲对手。

表 3.1 2020-2023 年抖音城市线上繁荣度排名前十位

排名	2020 年	2021 年	2022 年	2023 年
1	成都	上海	重庆	上海
2	上海	深圳	成都	重庆
3	北京	成都	广州	成都
4	重庆	重庆	上海	广州
5	西安	西安	北京	深圳
6	广州	广州	深圳	北京
7	深圳	北京	郑州	郑州
8	郑州	长沙	苏州	苏州
9	杭州	杭州	西安	杭州
10	苏州	郑州	东莞	武汉

资料来源：巨量引擎城市研究院发布的 2020-2023 年美好城市指数白皮书

虽然具身化的短视频富有"草根"活力，体现了颠覆传统精英主义生产的强劲效能，有着显著的传播意义和价值，但不可否认，当前短视频对城市的展示亦显表象化、娱乐化、消费化。如研究者所指出，基于个人视角的拼图式传播对城市形象的构建与确认因其视角的个人化、短视频时长限制造成的碎片化，在城市形象传播中的定位高度、视野广度等方面存在其局限性（谭宇菲、刘红梅，2019）。抖音、头条指数与清华大学国家形象传播研究中心城市品牌研究室联合发布的《短视频与城市形象研究白皮书》（2018）亦承认，与丰富多彩的城市生活和千差万别的城市形象相比，抖音上发布的内容还是太过简单化，形成了一些相对狭义的城市形象定义。

定位于"五个中心"的上海有自身的特殊性，从上海全面提升城市软实力的目标而言，须彰显"海纳百川、追求卓越、开明睿智、大气谦和"的城市精神和"开放、创新、包容"的城市品格，面向新时代展现全新的城市形象。为此有必要对上海题材短视频进行更为深入细化的分析。对城市宣传部门而言，可通过多种方式的引导及结合机构生产、专业生产的融入，以短视频为载体，持续优化城市形象的塑造与传播。

二、对抖音和 Tiktok 平台上海题材头部短视频的内容分析

（一）抽样方法和分类测量指标

由于社交短视频是以民间生产为主，绝大部分内容影响微小，因此高流量的头部视频更具分析价值，更能体现出短视频对于城市形象塑造的作用。本研究将抽样时间内容框架设定为 2023 年 12 月 31 日之前被公开发布在抖音平台的上海题材短视频。由于抖音平台对外不提供播放量数据，因此本研究以可获知的点赞量作为取样指标。一方面，点赞量与播放量呈正比关系，能够有效衡量短视频的热度和流量；另一方面，它是体现短视频质量和用户认可度的重要指标之一，能够较好地反映短视频的传播效果。按点赞量取样的方法亦得到了抖音平台专业人士的认可。

在抽样范围内的视频需要同时满足下述条件并排除一些不符合研究目标的视频：（1）在抖音 app 搜索关键词"上海"，按照点赞量排序在前 200 位的视频。（2）短视频呈现的内容确与上海城市相关。（3）直接带有商品链接的硬广短视频，或明显的纯商业性视频被排除在外。因为根据抖音的运营机制，商业推广视频存在买"dou+ 服务"以增加曝光的可能性，与自然传播效果很可能存在偏差。（4）由于与明星相关视频具有特殊性，单纯体现明星本人而无其他实际内容的短视频被排除在外。（5）在抖音平台的上海题材短视频中，出现了不少同质化的航拍短视频，这些短视频在文案、取景地、呈现方式与背景音乐等方面的特征高度重合。因此在抽样过程中，由同一作者发布的高度同质化的航拍短视频仅保留点赞量最高的一条。按照上述标准进行抽样，共挑选出 200 个样本，代表上海题材头部短视频。其中，点赞量最高的为 493.4 万，最低的为 640，具有较大的跨度和代表性。

本研究用于测量短视频相关变量的指标，大多采纳抖音平台直接形成的后台数据及其算法为内容数据打上的各类标签。研究以单条短视频作为基本分析单位，主要包含以下测量指标：题材内容、人物形象、空间类型、

篇幅时长、表现方式、账号类型、使用语言和背景音乐等。此外，还结合文本分析，分析了短视频中城市形象、城市精神和品格的呈现。需要说明的是，由于短视频内容常出现混合性，为便于分析，在测量时以主要元素为主。如题材（标签）内容方面，当一条视频中出现多种元素时，以内容占比最高的元素为准；当一条视频中出现多种空间类型时，也以内容时长占比最高的为准。

（二）关于内容分析结果的分类说明

1. 题材内容

表 3.2 抖音平台上海题材 TOP200 短视频的题材内容与传播效果

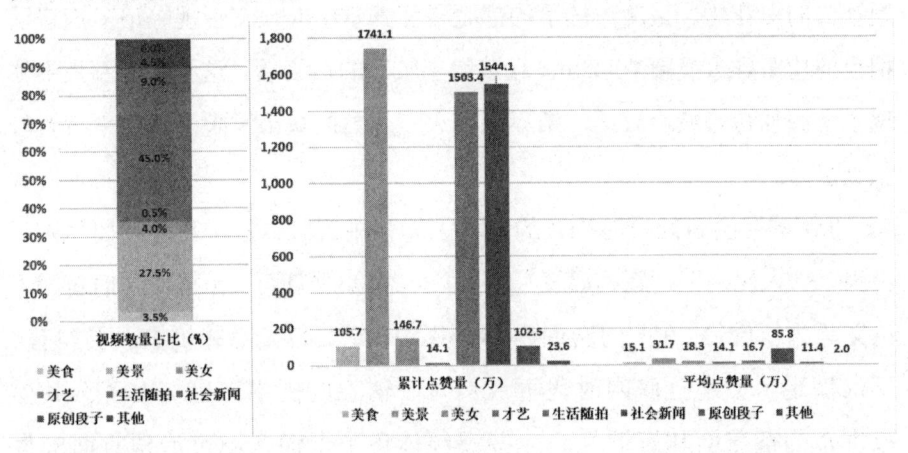

从样本总体展现的情况来看（参见表 3.2），在题材内容方面，生活随拍类（45%）和美景类（27.5%）短视频在数量上位于前两位，占据了头部视频超七成的比重。其次是社会新闻类，占比 9%。而美食作为印象中线上与线下互动性较高的类目，在头部视频中却没有预期中所占的比例那么高，仅占 3.5%。

由于人们能够便利地拿起手机随走随拍，且视频内容呈现出强烈的真实性和贴近性，生活随拍类视频涌流，在头部视频中的数量比例与累计点赞量均居高位。生活随拍类视频的一个突出的特征是，拍摄主体多非上海人,以外来者的视角选取素材,并在文案中直接呈现对于上海的城市印象。有些视频通过带观众逛上海的超市和弄堂街道,展现了上海真实的物价情况和市井生活图景,非常接地气。不同于大多数城市形象片的全景综述,生活随拍类视频聚焦于城市中的一处处微小场景,将上海城市形象的呈现深入到人们的日常生活中,实现了城市形象在细度层面上更为具体的建构。

美景类视频的景观选择存在高度集中的特征,以黄浦区的外滩核心景观和浦东新区的迪士尼乐园等网红打卡地为主。美景类视频视听感染力强,大多以"航拍外滩繁华夜景""上海旅游景点攻略"的方式呈现。除了热门景点外,随着近年来Citywalk(城市漫游)热潮的兴起,路边的梧桐树、地铁口的樱花树、武康大楼下的郁金香和弄堂中的人文景观等诸多街景随拍也成功跻身短视频TOP200,且获得了较高的点赞量。这类短视频集中体现了上海独特的城市底蕴、繁华和烟火气兼具的城市风貌,对外来者有较强吸引力。

95%的社会新闻类短视频的发布主体为主流媒体机构账号,如"人民日报""人民网""新闻晨报"等。内容涵盖近期天气预报、疫情新闻、见义勇为新闻等。90%的新闻内容为正向信息。各大媒体机构入驻抖音,不仅满足了移动互联网时代下人们对于信息的需求,也扩大了公共信息发布的覆盖面和有效性。一些视频体现了上海在城市治理方面的良好形象。

2. 人物形象

200条头部短视频所呈现的人物形象中(参见表3.3),除去无人物视频,青年群体达31%,所占比例及累计点赞量最高,所展现的青年形象是时尚且具有活力的;其次是混合人物(其中亦有青年),视频占比17%;中年群体占比8%,呈现的多是白领工作形象;少年儿童与老年人占比较低,分别为2%与1.5%。其中老年人有的作为"上海本地人"的代表出现在街访视频中,有的也因潮流穿搭出现在时尚街拍视频中,从侧面反映出上海人较高的文化素质和审美水平。

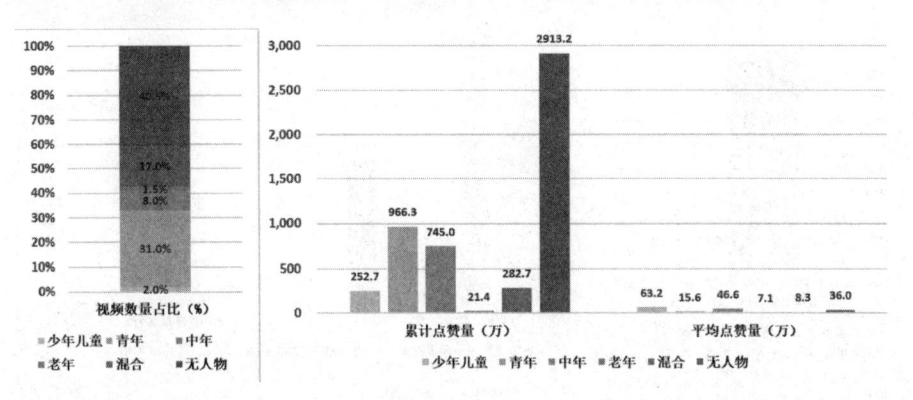

表 3.3 抖音平台上海题材 TOP200 短视频的人物形象与传播效果

视频数量占比（%）：少年儿童 2.0%、青年 40.5%、中年 17.0%、老年 1.5%、混合 8.0%、无人物 31.0%

累计点赞量（万）：少年儿童 252.7、青年 966.3、中年 745.0、老年 21.4、混合 282.7、无人物 2913.2

平均点赞量（万）：少年儿童 63.2、青年 15.6、中年 46.6、老年 7.1、混合 8.3、无人物 36.0

样本视频所展现的年龄分布情况与抖音平台的用户画像基本一致。根据《2020抖音数据报告》，20-30岁的青年人是抖音用户的主力军，约占50%的比重。根据巨量算数《2022抖音年轻人观察报告》显示，青年人中，18-23岁之间的用户超过10%，且在校学生的比重接近五成。针对上述用户特征，在城市短视频传播实践中，理想状态是摆脱"吃喝玩乐"的局限，更多元地反映年轻人群的生活工作状态。如上海作为大学生就业的首选城市，除了现有娱乐化内容呈现外，就业机会、落户政策、生活成本、各区生活环境对比、北上广深发展机会对比等严肃议题也有很大的用户需求，短视频创作可在这些方面多加挖掘，也能更立体地反映上海城市形象。

此外，上海是高度老龄化城市，户籍老年人口比例超过35%。尽管短视频平台是以年轻用户为主，但现在无论是老年用户还是老年博主都越来越多，而老年人在头部短视频中呈现的比例是明显偏低的。上海题材短视频若能适当正向增加老年人群的可见度和自我呈现，将更有利于传递老有所为、敬老爱老、注重人文关怀的城市形象。

3. 空间类型

表 3.4 抖音平台上海题材 TOP200 短视频的空间类型与传播效果

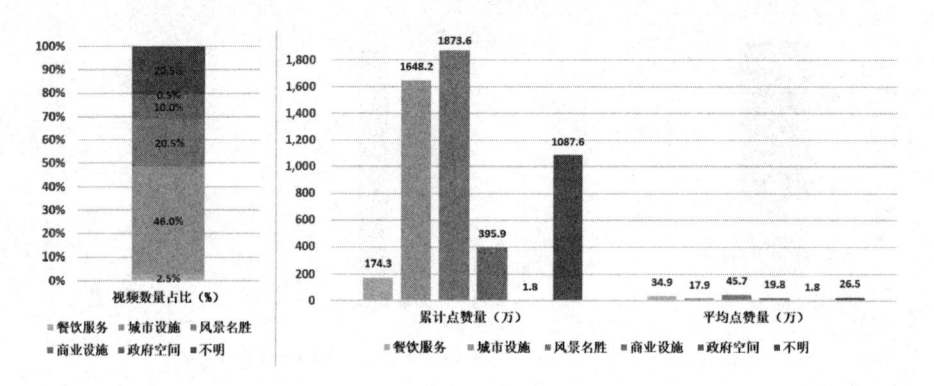

视频数量占比（%）	累计点赞量（万）	平均点赞量（万）
餐饮服务 2.5%	餐饮服务 174.3	餐饮服务 34.9
城市设施 46.0%	城市设施 1648.2	城市设施 17.9
风景名胜 20.5%	风景名胜 1873.6	风景名胜 45.7
商业设施 10.0%	商业设施 395.9	商业设施 19.8
政府空间 0.5%	政府空间 1.8	政府空间 1.8
不明 20.5%	不明 1087.6	不明 26.5

注：政府空间类视频主要有政务资讯、公告信息及宣传片等；空间类型不明的视频主要为生活随拍中室内取景的视频。

在空间类型方面（参见表 3.4），除去空间类型不明的短视频，与城市设施相关的短视频占比最高，达到了 46%，包括写字楼、公共交通、步行街等各类基础设施；其次是风景名胜类，占到 20.5%，外滩核心景观、迪士尼乐园、武康大楼等成为主要取景地。这类视频的累计和平均点赞量均最高，体现出很强的人气。其中外滩核心景观既有写字楼功能的体现，又是外地游客热衷打卡的景观，体现了城市设施与风景名胜的高度融合。

头部短视频对城市空间类型的展现情况，一定程度上体现了上海的城市形象和特点，完善的城市配套设施、国际化的地标景观及丰富的商业设施的确是上海城市优势的体现。从赋能城市旅游业发展的角度，以餐饮服务与商业设施为空间背景的短视频还可增强。在头部视频中，餐饮服务类所占比例很低，但平均点赞量居第二位，仍是用户较感兴趣的类型。

4. 篇幅时长

在短视频的篇幅时长方面（参见表 3.5），时长在 20 秒以上的短视频在头部视频中占到了 38.5% 的比重。位于第二位的是不足 10 秒的小微视频，占到 29.5%。10-15 秒的短视频排名第三，占比 19.5%，但收获了最高的点赞量。表现最弱的是 16-20 秒的短视频。

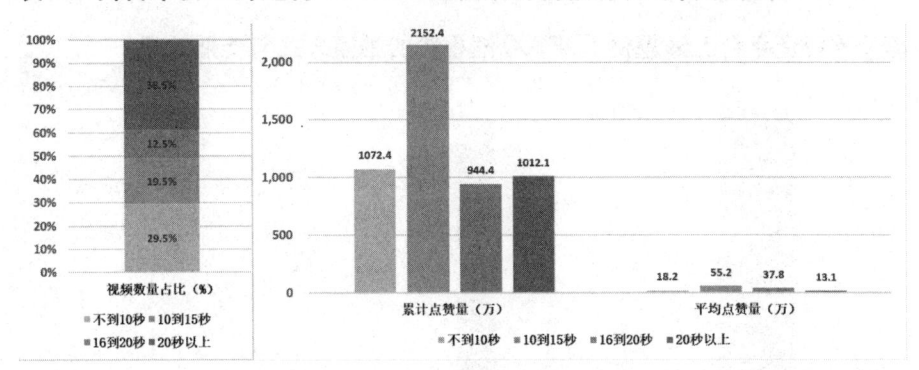

表 3.5 抖音平台上海题材 TOP200 短视频的篇幅时长与传播效果

根据《2020 抖音数据报告》，59.53% 的用户创作的短视频长度分布在 10-15 秒，占绝对优势比重，20 秒以上的仅占不到 5%。然而，上海题材的头部短视频中，20 秒以上的视频作品占比远超 5%。原因可能在于，20 秒以上的短视频通常具有更专业的呈现方式、更完整的叙事结构和更高的信息含量，"精品"相对较多，从而被用户转发、分享，扩大传播范围，提升传播效果。

因此，城市题材社交短视频并不是只有特定时间区间的视频有显著流量空间，而是各有机会。较长的视频可以满足用户相对完整地了解故事和信息的需求，也具有一定优势。当互联网用户趋向饱和，流量的"天花板"已经来临之际，短视频创作也将逐步走向更注重内容品质和叙事技巧的发展路径。

5. 拍摄方式

一般认为，自拍视角更能够体现"短视频 + 实地打卡"特征，强化个人与城市空间的关系和联结。但在点赞量居前 200 位的短视频中（参见表 3.6），自拍仅占比 7.5%，非自拍占比 80.5%，自拍与非自拍两者兼有之为 9.5%。非自拍视频的数量占比与点赞量均实现了断层式领先。究其原因，在所占比例很高的城市设施类和风景名胜类空间的视频中，多是以非自拍的方式呈现上海的繁华景观，体现出观察式叙事视角。此外，上海尚缺乏如重庆李子坝轻轨站、西安"摔碗酒"等互动感很强的网红景点，使自拍参与的拍摄方式并非必须。

表 3.6 抖音平台上海题材 TOP200 短视频的拍摄方式与传播效果

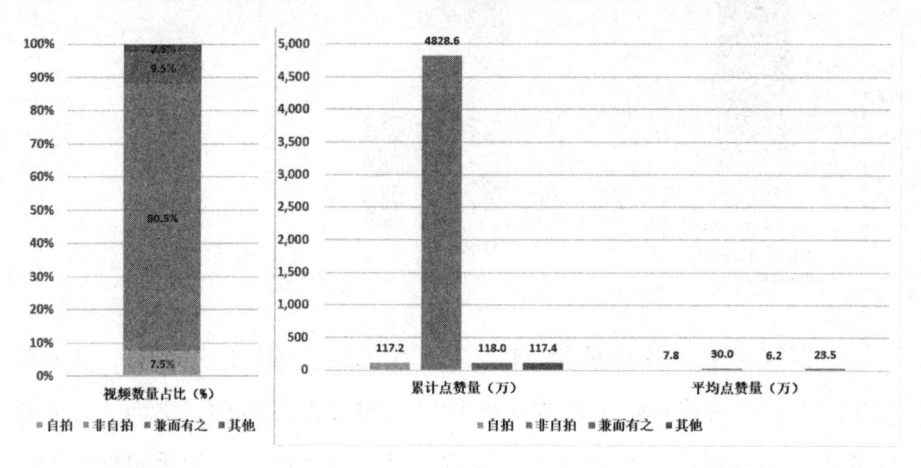

6. 账号类型

表 3.7 抖音平台上海题材头部短视频的账号类型与传播效果

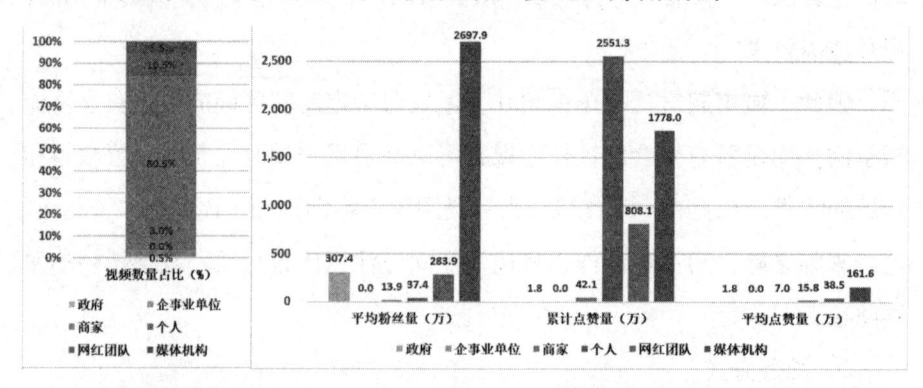

当今自媒体时代，人人都有"摄像机"。相较于专业的中长视频来说，短视频的创作生产门槛更低。在抖音平台上海题材头部短视频的发布账号主体中（参见表 3.7），个人用户占到了超八成的比重。与机构相比，个人用户以极低的粉丝量赢得断层领先的点赞量。这些账号发布的视频内容贴合受众需求，具有生活化的真实性和感染力，产生了较好的传播效果。在短视频平台，不少个人账号的传播力并不亚于专业机构，个人化的叙事方式使得"高大上"的上海城市形象变得更加贴近、亲和。

可以看到，媒体机构与政府账号拥有强大的粉丝量优势，在发布权威信息、宣传正能量、服务民生、旅游推广等方面发挥了重要的作用。其中媒体机构账号发布的头部视频比例不高，但点赞量指标较好。但是，政府账号与个人账号和网红团队账号相比，尚未实现与其粉丝量成正比的传播效果。政府账号应该在坚守自身定位的基础上，适应平台生态，进一步改进传播实践。

7. 使用语言、背景音乐

在样本视频中，除无语言体现外，使用普通话的占比远远超过使用上海话。普通话作为通用的现代标准汉语，能够很大程度上消除跨地域交流阻碍，保障传播效果。但是，使用上海话短视频的文化意义也不可忽视，在凸显一些上海特有的地域元素时，使用上海话可以为观众带来原汁原味的体验。例如，上海本地博主"@史黛拉"的办公室系列采访视频中，关于上海本地风俗，如"上海人结婚包多少红包""上海人结婚需要彩礼吗"等问题获得了极高关注度，采用上海话问答的呈现方式增加了视频的可信度和生动性。

背景音乐的选择和创作，已成为抖音短视频传播中的重要环节。在样本视频中，有83%的短视频采用了各种各样的背景音乐，但具有上海本地特色的背景音乐罕见，仅有一条视频使用了《夜上海》作为背景音乐。丰富的短视频实践证明，具有地域色彩的音乐能够凭借其特有的标识性和丰富的情感表达，艺术性地塑造城市形象。在社交媒体平台的催化下，用户对歌曲内容所进行的二次解读、创作与再传播，对人们的城市形象认知和线下旅游打卡有不可忽视的影响作用。因此，背景音乐目前是上海题材社交短视频的一个短板。

（三）关于短视频中城市形象呈现的分析

从样本视频的内容来看，对上海城市形象的呈现多数为"中立"或"正向"。而对照官方话语，即"海纳百川、追求卓越、开明睿智、大气谦和"的城市精神和"开放、创新、包容"的城市品格，大多数视频并不契合。

如外滩核心景观的繁华夜景、上海的吃喝玩乐攻略和商业化的网红打卡等，这些视频中所展示的城市形象虽然是正面的，但是并没有触及一定层次的文化意涵，难以体现上海的城市精神和品格。这是由于社交短视频以用户生产（UGC）为主，且因发布平台的商业属性，其内容通常比较浅表化，更注重消费性。经编码员沟通协商，认为样本视频中展现了上述城市精神和品格的约为三成。举若干案例如下：

"@话匣子FM"发布的"#上海战疫封控期间想吃肯德基、麦当劳？相信很多人心中动过这个念头，上海市人大代表、普陀区残联副理事长分享了一则发生在他们小区的暖心故事。#上海加油#共同助力疫情防控"；"@新闻晨报"发布的"4岁男童在购物车里昏睡不醒，上海市民怀疑是拐卖，立刻将'人贩子'团团围住！#正能量暖心。"无论是在疫情期间的相互扶持，还是在日常生活中的点滴温情，在媒体机构的宣传中，上海都展现出了作为一个国际化大都市的包容与温度。

"@爱摄影的阿龙"发布的"这里是上海南京路步行街，今天是祖国的生日，源源不断，人山人海，引无数人向往#摄影#南京东路#上海"。画面展示了国庆期间的南京路步行街，因人流过大，武警拉手排成人墙，引导人流有秩序通过路口的壮观场面，体现了上海城市管理的井然有序和人们的规则意识。

"@北城瞰见"发布的"见证上海的变迁，传统与现代交相辉映，这就是上海的包容。#抖出我的上海情结#上海"；"@央视国家记忆"发布的"1949年的5月28日清晨，刚刚解放的上海还下着雨，上海市民推开窗户，被眼前的景象惊呆了……#与共和国共成长"。两个视频均以富有情感的方式展现

国庆节上海南京路步行街的井然有序

了上海的历史积淀，凸显了上海特有的城市品格。

"@青椒炒香蕉"发布的"#路人视角#狂欢#上海万圣节的精神状态#太美啦，视觉盛宴！"；"@有铭"发布的"不一定符合所有人的审美，但是都有自己的穿搭风格#上海街拍#街拍穿搭#武康路街拍#安福路街拍#街拍穿搭"；"@若遇浅香"发布的"心态年轻太重要了！上海的爷叔、阿姨们比年轻人还精致、时尚……#上海#街景随拍#老上海复古风#上海街拍"。在这些个人博主的视频内容中，无论是过洋节，还是日常出行、自由的穿搭风格、都显示出上海作为国际化大都市的开放与包容。

上述视频通过记录真实的生活场景和城市风貌，从不同侧面体现了上海的城市精神和城市品格，表明了短视频在城市形象塑造上的可为，当然其风格和调性必然是有别于传统媒体影像的。

上海街头人们的穿着时尚多元

三、对 Tiktok 平台上海题材头部短视频的内容分析

（一）平台简介与抽样说明

大型网络平台通常是传播规则的制定者，处于信息传播的制高点。目前，国际化社交媒体平台主要仍为美国互联网巨头所垄断，但同时，我国

网络平台的国际传播实力也在逐步增强，包括微信国际版 WeChat、抖音海外版 Tiktok、快手海外版 Kwai 等。其中，表现最为突出的当属 Tiktok，在海外市场已具有相当的影响力，其 APP 全球下载量现高居前列。据华尔街投行 Piper Sandler2020 年春季的一项调查，TikTok 在美国青少年最受欢迎的社交媒体平台中排名第三，超过 60% 的人每月至少使用一次，仅次于 Instagram 和 Snapchat。根据美国云基础设施公司 Cloudflare 的数据，TikTok 是 2021 年全球访问量最大的互联网网站，超过了 2020 年的领头羊谷歌。根据上海城市形象资源共享平台与上海交通大学中国城市治理研究院联合发布的《全球城市形象数字传播研究报告》（2023）显示，截至 2022 年底，上海在 TikTok 平台的城市话题短视频播放量已超过 8.8 亿次。

因此，本书对上海题材社交短视频对外传播的考察，主要基于 Tiktok 平台上传播的内容。取样标准和分析类型与对抖音平台的分析基本一致：以 #shanghai, #shanghai China 和 #shanghai city 为关键词在 Tiktok 搜索，数据截至 2023 年 12 月 31 日。筛选掉重复内容后，选取点赞量前 200 条的视频进行分析。但和抖音不同，Tiktok 对外既公布点赞量，也公布播放量。因此本文综合点赞量和播放量，并结合评论区的留言来考察不同类型短视频的传播效果。

（二）关于内容分析的分类说明

1. 题材内容

在 Tiktok 平台的头部上海题材短视频中（参见表 3.8），题材内容居数量前三位的为生活随拍、美景和航拍，其中，生活随拍以 50% 的比例占据绝对优势，才艺类仅占 2%。但平均播放量和点赞量则是才艺类视频和美女类视频明显领先。生活随拍所占的比重最大，和抖音平台的情况一致，这种贴近日常生活的短视频更符合视频社交平台的定位，供稿踊跃。但才艺类和美女类更受观众青睐。和抖音平台相似的是，美食类短视频的竞争

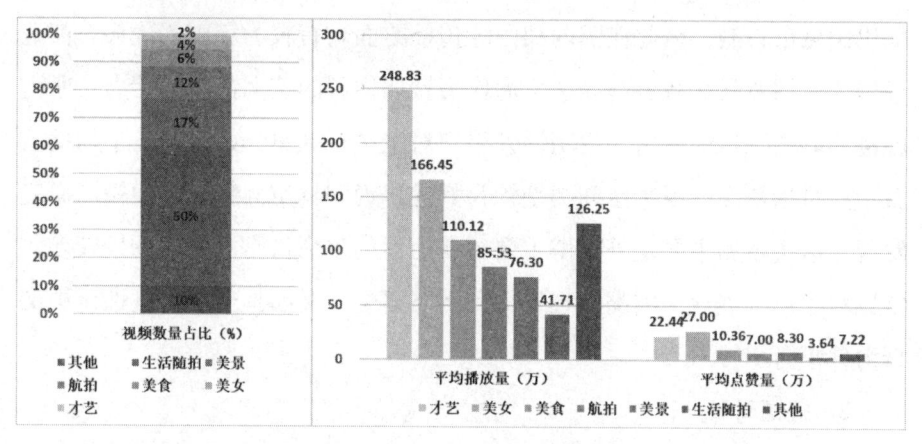

力较弱，数量占比仅 6%，平均播放量和点赞量也处于中游位置。

表 3.8 Tiktok 平台上海题材 TOP200 视频的题材内容与传播效果

2. 空间类型

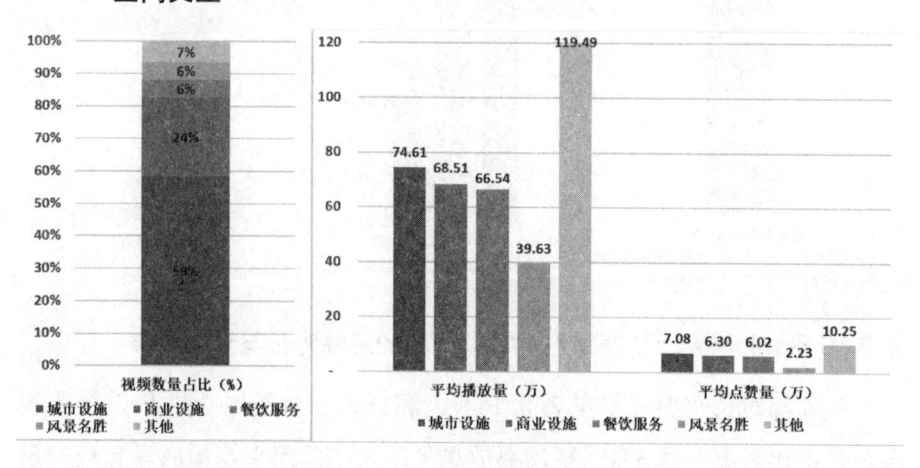

表 3.9 Tiktok 平台上海题材 TOP200 视频的空间类型与传播效果

在短视频的空间类型方面（参见表 3.9），由于 Tiktok 平台上政府账号极少，故未统计这一类型。占前两位的拍摄空间分别为城市设施（59%）和商业设施（24%），且平均播放量和平均点赞量较高，均排名第二，是综合传播效果最佳的类型。城市设施包括各类现代化基础设施，如机场、火车站、地铁站，以及展览馆、博物馆、美术馆、电影院等各类公共文化空间。上海作为国际大都市，一直以完善的城市基础设施著称，且不少地标也是城市设施，因此在国内和国际传播方面均有较为突出的优势。商业设施为空间背景的视频凸显了上海作为宜居便利的特大都市的特点，所占比例明显高于抖音平台，说明海外用户对这类视频更具好奇感。平均播放量及点赞量最高的视频空间类型均为其他，说明其空间特征较模糊。研究发现，这类视频主要是外国博主自述在上海的生活日常，室内场景较多，常以段子形式展现，因幽默轻松得到网友喜爱，又因其文化接近性，更契合海外平台。

3. 篇幅时长

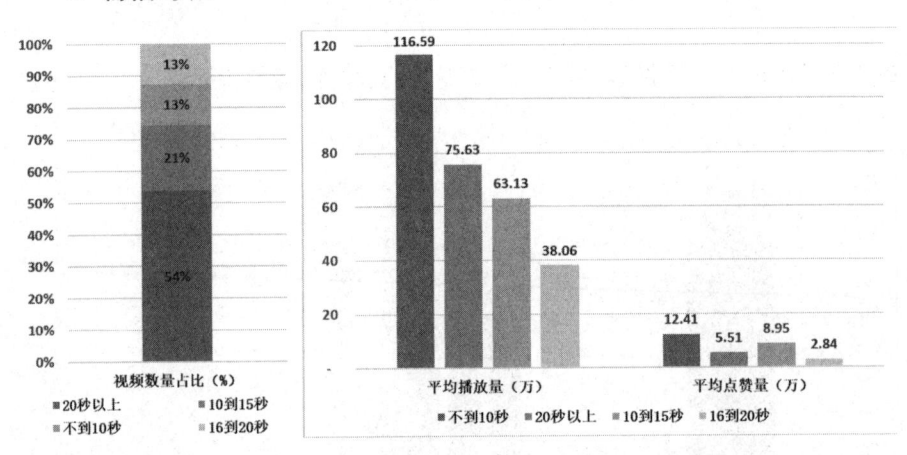

表 3.10 Tiktok 平台上海题材 TOP200 视频的篇幅时长与传播效果

从篇幅时长来看（参见表 3.10），和抖音平台类似，20 秒以上的视频数量占比最高，达 54%，平均播放量位于第二。而平均播放量和点赞量表现最好的都是不到 10 秒的短视频（这与抖音平台有所不同），虽然数量只占所有视频的 13%。可见在 Tiktok 平台上要取得较好的传播效果，或者充分发挥短小微的优势，契合用户碎片化观看的需求，或叙事相对完整，能够满足用户的信息需求。

4. 账号类型

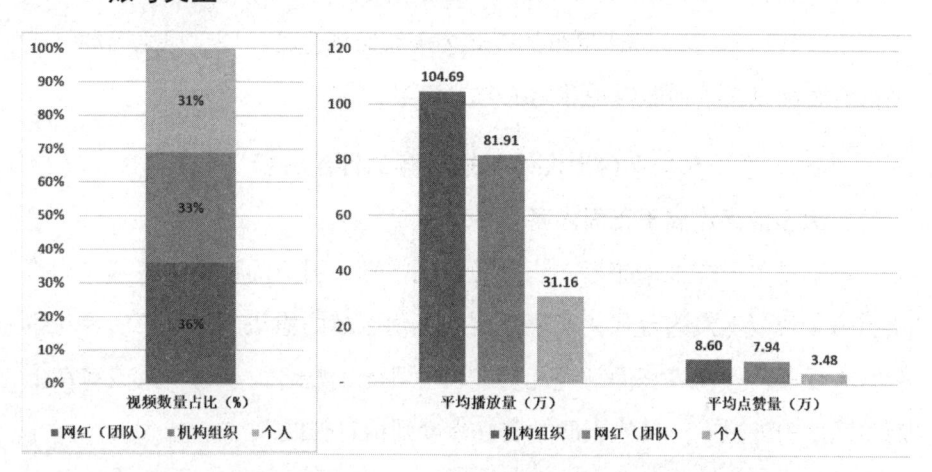

表 3.11 Tiktok 平台上海题材 TOP200 视频的账号类型与传播效果

从视频发布主体来看（参见表3.11），三种类型分布较均匀：36%为网红团队账号（生活、摄影博主为主）发布，机构组织（含摄影、旅游爱好者组织）占比33%。个人博主为31%。和抖音平台有明显差异的是，机构组织发布的视频平均播放量和点赞量都是位居第一，但均为国外账号，国内机构账号尚缺乏竞争力。此外，网红（团队）的播放和点赞量也高于个人博主，说明专业化程度高的内容供应者在Tiktok短视频传播中更占

Tiktok平台上一些外国博主讲述在上海生活的视频较受欢迎

优势。

此外，在Tiktok平台的头部上海题材短视频中，人物形象以青年女性为主（41%），这一群体发布的视频多围绕时尚生活、城市风光等展开。拍摄方式则以自拍和非自拍兼用的方式为主。

（三）对Tiktok平台上海题材短视频的评论分析

1. 大多数评论属于正面内容

特别是关于在上海旅游、生活随拍的视频，用户的评论内容基本为喜欢上海、赞叹上海的现代化和表达想去上海旅游的愿望。对于负面评论也会有人反驳。但发表正面评论和反驳负面评论的账号大多为华人或者在上海生活过的外国人，其他人群的友好程度则相对较低。

2. 评论倾向存在着题材差异

就题材而言，航拍视频的负面评论较多。有些航拍上海繁华夜景的视频评论区中甚至出现了"中国没有自由"之类的评论，出现了对我国政治制度的抹黑。除了政治偏见外，对航拍视频还有诸如"上海已经失去了它的特色""上海就是现代版的纽约"等评论。有的负面评论甚至与视频内容没有关系，体现出了浓厚的刻板印象。而从对生活化视频的评论看来，用户参与的积极性明显更高，总体上也更为正面。其中涉及生活科普、时尚等短视频的热度较高，评论区讨论较为友善，值得进一步发掘。

3. 不少评论与美国进行比较

无论视频内容有无牵扯到美国，评论区常常会出现把中国与美国相比较，或者具体到上海与纽约的比较。这种情况下产生的评论比较复杂多元。例如一些用户的负面和情绪性评论："美利坚才有自由""美国也有（视频里展现的）这些东西""纽约更好"等；也有不少用户批评西方媒体："西方媒体不想让我们看到这样的中国""片面的西方媒体"等。这与近年中美关系较为紧张有关。

4. 传播效果优化的途径

（1）减少实力展示，增强亲和力。中国的快速发展引起了西方保守势力的仇视，与中国的文化、制度和意识形态差异以及嫉妒、忧虑心理的交织，使得不少人对中国的发展表现出排斥性。作为国际大都市，上海的繁荣发展是中国奇迹的重要符号体现之一。但在Tiktok平台上，展示城市和国家实力的视频内容如航拍视频却容易引起负面评论和攻击，例如有的评论认为正面体现上海和中国的视频内容是经过剪辑的，质疑视频的真实性。因此，面向海外传播的短视频在内容题材上宜"放软身段"，生活化、接地气的题材相对实力展示所产生的传播效果更好，即在国际传播中既开放自信也谦逊谦和，增强国家和城市形象的亲和力，努力塑造可信、可爱、可敬的中国形象。

研究发现，在Tiktok平台上与博主才艺展演有关的上海题材视频表现不错，例如旗袍走秀、高楼跑酷团、健身教练在外滩展示身材等，但这

Tiktok平台上具有海派风格的旗袍走秀视频

Tiktok平台上青浦朱家角水乡的视频受到好评

类视频因门槛较高数量很少。因此有才艺专长的制作主体在 Tiktok 平台上有较大的发展空间，在吸引粉丝的同时能有效展现上海城市形象。另外，从海外用户的评论来看，"环保"是人们较感兴趣的一个议题。上海题材短视频较多集中展示陆家嘴、外滩和高密度城市景观，容易让海外用户误以为上海没有绿色植被，不注重生态环保，因此增加这方面的内容有益于城市形象的正面塑造。例如，有一条关于朱家角的视频，呈现出一幅迥异于城市景观的江南水乡画面，用户反馈很好。目前，Tiktok 平台上海题材中的环保类视频数量较少（归入其他），但生态环保契合国际社会的普遍关切，也能体现上海建设生态之城的良好形象，是可以多加发掘的类型。

（2）避免因文化隔阂引起的误解。在短视频的跨文化传播中，文化隔阂的影响同样不可忽视。例如在 Tiktok 上有关"吃活虾"的上海美食视频，评论区就出现了"恶心""蝙蝠 emoji"等负面言论，点赞量也较低，并不利于国家和城市形象的传播。还有一个值得关注的案例是，某视频中一位居住在上海的外教在出门遛狗路上遇到了小区里一位老人，老人询问她的工作情况、遛狗频率等日常信息，外教一一作答。但评论区正负评论都有，负面评论认为与陌生人这样搭话非常可怕，表示不理解。这显然也是因为文化差异，因为西方人对私人领域的信息非常看重。此外，在一个拍摄电缆维修现场的短视频中，由于梯子高度不够，一个工人只能肩扛着梯子让另一个工人在梯子上施工。本来博主是将其当作幽默搞笑的内容发布的，但大部分评论认为这非常不安全，并不好笑，甚至认为中国工人的安全保障有问题。由此可见，在短视频的海外传播中，要根据用户群体的文化背景和接受心理发布内容，防止因文化隔阂而产生误解。

（3）从多维度全面展现城市形象。从 Tiktok 平台短视频对于上海城市形象的塑造来看，目前的视频较多通过城市设施、商业设施的空间呈现以及航拍摩天大楼、展示先进科技、体现外籍居民等方式，主要突出的是上海作为国际化大都市"高大上"的一面。塑造城市形象的维度还可以更多元化，更多融入历史人文、日常生活、温情故事等层面的内容，如此城市形象才更为丰富立体。另外，Tiktok平台上机构组织账号在专业水平和吸纳用户方面具有优势，但目前国内机构组织的短视频内容在Tiktok平台上缺乏可见性，应当鼓励有国际传播诉求的机构组织开设账号、加强宣推，有利于多维度展现城市形象。

（4）对于负面评论积极回复说明。对于一些引起负面评论短视频的观察可以发现，如果博主能够尽快回复做必要的解释，澄清事实并告知真相，往往能够有效改变评论区的风向，有利于发动粉丝将正面评论的热度（按点赞量排列）顶到前排。而如果采取删评、冷处理等方法，容易造成更多的误解。在这方面，个人博主账号与粉丝互动较多，负面评论也较少，而团队运营的网红账号则较少与粉丝评论互动。

第三节
引导短视频生产，赋能上海城市形象塑造

根据抖音等发布的《短视频与城市形象研究白皮书》（2018），市民群体成为城市形象传播主力军，播放量最高的前100位城市形象视频创作者中，超82%的创作者为个人用户。但在构建网红城市的过程中，各地并非无为而治、被动接受，事实上政府管理部门亦起到重要推动作用，"政府搭台，民众唱戏"成为城市短视频传播的重要模式。例如，西安市文化和旅游局官方抖音号"西安文旅之声"已经发布了多种主题的系列短视频，构建出大唐不夜城、大雁塔、西安城墙、永兴坊、白鹿仓等一批网红景点。2021年，河南卫视《唐宫夜宴》等传统文化节目在节庆晚会推出后强势出圈，屡次登上微博热搜。郑州市和河南文旅、文博、考古等相关部门延续晚会热度，联动打造#这里是河南#，推介中原特色文化，呈现出古老中原城市的独特魅力，短视频成为重要宣推手段。

不同的城市有着不同的城市定位和城市形象塑造需求，对于城市宣传部门来说，面对在城市传播中作用凸显的短视频传播，在尊重民间创作的基础上，仍有进行规划、引导的必要性和可行性。政府需加强对城市精神、城市品格的宣传，使城市形象、城市价值的特质深入人心，内化于民众的短视频生产传播行为之中。政府是城市形象塑造的主导者，在做好顶层设计和宏观架构的同时，应通过各种媒介手段将政治话语、精英话语转化为民间话语、大众话语，如研究者所说的城市精神和核心价值观的"日常化、具体化、形象化、生活化"（徐建、沈郊，2018：53），使民众可感可触，产生投入其中、参与传播的意愿，不断优化城市形象建构效果，凸显城市

精神和品格，助力城市软实力的提升。

一、联合头部平台持续开展推广活动

随着 4G 时代社交短视频的蓬勃兴起，头部平台在城市营销、品牌营销的探索中已经积累了丰富的经验，形成了较为成熟的运作模式，包括：通过组织各类大型城市营销活动，激发用户参与，将拍摄发布视频与线下体验融为一体；组织合适达人进行深度体验和创作，通过视频生产呈现特色旅行线路；发起和支持各类与城市题材相关的话题挑战赛，吸引全国网民参与，引导用户创作和发布体现城市美好生活的视频影像；推出与城市文化主题相关的贴纸，展现城市 IP 的文化附加值；等等。因此，宣传管理部门、文旅广电部门可结合上海全面提升城市软实力的诉求，以彰显上海城市精神和品格为主题，与短视频平台策划一系列主题活动，鼓励用户的广泛参与，为城市形象在短视频平台上的传播提供素材、创设良机、制造热点。仍以与抖音平台的合作为例，主要有以下方式：

（一）大型活动

2019 年起，字节跳动旗下的官方营销服务品牌——巨量引擎打造了城市商业 IP "抖 in City 城市美好生活节"，整合线下线上资源，塑造城市形象符号，让更多的人通过抖音了解一座城市，爱上一座城市。经过几年的不断升级，"抖 inCity 城市美好生活节"已跃升为城市营销现象级城市 IP，聚焦城市"红人"内容，打造城市抖音名片。"抖 in City 城市美好生活节"迄今已与数十个大中城市进行了合作，总体取得了良好的传播效果。

上海相关部门已与抖音平台合作，先后推出了 "2020 抖 inCity·未来盛典""2021 抖 in 美好上海妙趣新生力专场"等活动，汇聚明星、头部达人资源，在用户实地玩乐与打卡分享中，构建人与城市深度交流的场景。既打造当红娱乐新选项、更新城市生活体验，也助力老字号与年轻消费者的互动，使得上海的城市形象深入人心。未来的城市大型活动策划，可与头部平台紧密合作，围绕彰显上海城市精神和品格的内涵进行，进一步发掘"开放、创新、包容"的特质；同时要注重契合网络文化生态进行内容分解、环节设置，以年轻人喜闻乐见的方式渗透城市社交生活，提升信息内容传播和城市形象塑造效果。

（二）话题挑战

话题挑战常常能够吸引众多网友参与，聚合起同一主题的诸多短视频内容，在抖音传播机制中起到重要的驱动作用，近半数热门视频都参与抖音平台挑战。这种线上线下相结合的实践活动，鼓动网友在特定主题引导下前往相关城市实体空间，模仿挑战发起者的实践，拍摄类似短视频并上传平台。如此带有效仿、竞赛色彩的叠加累计，有助于针对特定空间和主题形成集束性的传播，平台也会给予流量扶持。如"跟着抖音玩西安#""#稳中带甩玩南京#"等挑战均取得了较大的成功。属于上海的挑战项目"#跟着抖音嗨吃上海#"等也形成了一定的视频数量和播放流量。在挑战机制中，带贴纸拍摄、开奖和彩蛋活动、达人技能展示和模仿等都是重要类型元素。

在本书对上海题材头部短视频的内容分析中，发现参与话题挑战的视频较少，但同时也预示着很大的互动潜力。在城市短视频生产传播上应高度重视话题挑战的重要功能，相关部门可加强与平台的合作，鼓励网友发起关于上海题材的话题挑战，并向对上海城市形象传播起到正面效应，视频数量和点赞量、评论量、转发量突出的话题挑战发起主体给予一定物质和精神奖励，激励更多网友通过短视频讲述上海故事、传播上海魅力。

（三）全民任务

抖音平台还开发了"全民任务"的模式，与活动主办方、品牌方、商家进行合作，参与者可在视频任务列表中领取任务。任务要求包括指定话题、@指定账号及若干具体的制作要求。"全民任务"的门槛低，对于参与者账号的粉丝量和播放量、拍摄剪辑能力通常没有设限。参与者不但可以得到平台免费的推广流量，完成任务后还可根据浏览量的多少获得一定的物质奖励。因此，普通用户参与的积极性较高，通过全民任务模式可催生出大量主题性原创视频。目前，这一模式较多地运用在商业营销活动中，未来在公益性宣传、城市形象宣传中也有较大潜力。如2021年5月，"什么是成都生活"全民任务在抖音正式上线，当地各政务公号进行推荐，参与者可使用指定模板或参照示例视频拍摄成都美食美景、工作生活等相关视频，反映在成都的幸福美好生活，分享来到成都、选择在成都工作生活的理由。上海的宣传、文旅部门也可发起类似主题的全民任务，根据宣传推广主题设置必选要求和可选要求，通过与平台的合作创新激励机制，为民众的短视频实践搭建更广阔的平台，鼓励市民与游客创作能彰显上海城市特色的短视频，以强参与度的主题集合碎片化的民间短视频，如拼图般描绘出鲜活的城市形象。

二、加强政务账号类短视频创作生产

政府形象是政府机构的执政理念、人员素质、治理能力、精神面貌等给社会公众留下的综合印象和看法，也是城市形象的重要构成部分。研究者认为，政府形象是一个复合体，主要由政府自我建构的形象和社会公众所认知的形象构成，两者紧密关联（黄东因，2010）。政府形象的自我建构，一方面可以通过办公环境、服务态度、行政措施等来传递，另一方面就需要各类媒介进行传播。过去，政府必须依靠报刊、广播电视等大众媒体进行形象传播，且偏向正统、权威、严肃，而在移动互联网时代，政府自我建构形象更为直接，风格也发生了明显变化。在短视频平台上，政府机构的官方账号已经成为各个城市建构政府形象、塑造城市形象的重要实践主体。由于政务资讯与人们的生活和利益密切相关，官方认证具有权威性，所以在短视频传播领域亦具有重要地位。

政务账号是短视频平台传播公共信息、服务民众的重要传播工具，也是塑造城市形象的重要短视频类型之一。本研究对抖音平台点赞量 TOP200 上海题材短视频的分析表明，政务类账号虽然粉丝规模较大，但在头部视频中所占比例及点赞量与个人、网红团队和媒体机构相比，却明显偏低，还有较大提升空间。加强政务类短视频的生产，应研究短视频的传播规律，主要需注重以下方面：

（一）亲民化传播

在传统媒体时代，政务信息传播的主流语态是"发布体"，其特征是权威、宣教、严肃、规范、理性、单向等，而在网络社交平台上，这样的语态易导致受众产生心理距离感，相关内容往往很难进入社交圈传播。因此政务短视频要走亲民化传播的路线。从内容到形式，政务短视频都不能只是"发布体""告知体"，更应当是"沟通体""交流体"，以亲和、活泼、感性、互动、口语化等为特征，营造对话感，使用户在心理上更乐于接受，同时改变政府部门高高在上、严肃有余而亲和力不足的形象。例如"@上海发布"的"上海这个社区餐厅你去过吗？地处市中心，坐拥观景台，味道赞、还实惠！"用对话交流的语态介绍了一家社区餐厅，这里优先供应老年人用餐，对餐品、软硬程度等都做了适老化改进。无论是内容还是形式都非常亲民。

为实现亲民化，政务短视频绝不意味着都以机构化的面目呈现，而应在叙事方式上通过人格化、人物化的表述拉近和网友的距离，更多体现出有情感、可沟通、易交流的特征，使观众感到亲近和有趣。此外，除了资讯信息外，政务账号还可开发更多丰富多元、亲近民众的地域特色内容。例如，在"上海发布"微信公众号的"I ♥ SH"板块中，"沪语童谣""上海闲话""上海园林之美""吃喝玩乐指南"等栏目标题形象化地展示了上海的方言、娱乐、特色元素及时代变迁中的上海，使得上海在受众心目中的形象丰富饱满、亲和贴近，短视频内容也可借鉴。

（二）情感化传播

有研究者将城市形象分为静止的形象和流动的形象：前者通过城市建筑、基础设施等展现，后者即市民的言行举止所呈现出的城市形象。这些形象通过外来人员的直观感受，成为口口相传的"城市故事"。这种故事如果展示得好，则会让外界对该城市产生某种向往（胡键，2021）。当今，短视频平台已成为传播"城市故事"的重要场域。经调研了解，抖音平台较受欢迎的内容主要有三类：正能量的内容、有新鲜感的内容和搞笑好玩的内容。在正能量一类中，温暖人心、体现真情的故事是重要组成部分，也与抖音"记录美好生活"的定位高度契合。

人们在认识一个国家、地区或城市时，都会存在一种刻板印象。在传统印象中，上海给人的感觉是竞争激烈、商业色彩较浓，缺乏一点人情味，上海人比较精明能干，但似乎过于实际，容易斤斤计较。而多传播些城市中的真情故事，特别是帮助他人的社会故事、温暖人心的家庭故事，不但有助于塑造城市形象，也能改变人们对于上海以及上海人长期以来的一些刻板印象。官方机构作为城市精神的倡导者，其账号可在短视频平台上传播更多有情感、有温度的故事，助力城市形象的塑造。

（三）新闻性传播

当发生有利于传播城市良好形象的新闻事件发生、新闻场景出现时，相关政务账号应当迅速反应、组织传播，同时对民间短视频的传播起到议程引导和提供物料的作用。在城市举办重大活动期间，政府账号应与媒体机构合作，及时推出短视频作品，引领议题、动员舆论。如"上海发布"对于2020年S10英雄联盟全球总决赛的承办发布了系列短视频，由于年轻用户对该项赛事高度关注，相关短视频相继成为"爆款"，从基础设施等方面展现了上海城市形象与承办实力（邓元兵、范又文，2021）。

（四）技能性传播

一些特定机构组织的工作人员拥有独特的技能，这类技能呈现在短视频平台上常常拥有较高的热度。例如，各地的公安、武警账号在政务账号中往往更具传播热度，因为其发布的短视频中，含有特别技能成分的内容更多（如训练、演习、抓捕、识别诈骗等），因此应鼓励这些拥有技能性传播资源的部门多生产发布短视频，让用户在欣赏内容的同时感到安全、放心，从而在树立专业化机构形象的同时，传递良好的城市形象。

此外，还要防止一些政府部门纷纷进驻短视频平台，但疏于内容更新和账号维护，继而出现的不少"僵尸号"现象。这不仅影响粉丝规模和传播效果，也不利于政府形象以及城市形象的展现。

三、通过强化互动仪式塑造网红景点

城市居民与城市空间的核心关系是人的"参与"，正是现实中居民充满能动性的参与、对话、互动，公共空间才彰显魅力，成为城市中真正有效的"公共空间"（陈圣来，2018：135）。社交短视频对城市形象建构的巨大效能，正是建立在与城市空间的对话和互动上。网红景点的打造最为简易的路径就是提供独特的视觉奇观，吸引人们的关注、"打卡"，上海的城市地标外滩、东方明珠等也属于此类。以视觉奇观驱动民间短视频生产固然有效，但毕竟单向、静态，需要有交互、动态要素的融入。事实上，一些视觉奇观类的网红景点能够长盛不衰，也是依赖人们在现场自拍时的各种虚拟互动游戏行为，例如让重庆李子坝的轻轨"开进嘴巴""吸入肚子""穿过袖口"等。"'打卡'已远远超过其本意所指的'点了个卯'，而是被引申为一种基于重复式传播生产的重要共享仪式，不断扩大传者群体，也使城市意象更加深入人心。"（潘霁等，2020：11）

本世纪初，美国社会学家兰德尔·柯林斯提出了互动仪式链理论。他指出，互动仪式链的核心是一个过程，参与者之间通过高度的相互关注和高度的情感联结，可以形成与特定认知符号相关联的群体归属感和身份认同感，同时这样的互动也为每个参与者积蓄了情感能量（兰德尔·柯林斯，

2009：78）。由此，人们因局部际遇形成了一种互动的链条关系，而这种微观情境正是宏观社会结构的基础。可以从互动仪式链的四种主要组成要素，来分析相关场景带动短视频打卡的作用机制。

（一）共同在场

即两个或两个以上的人聚集在同一场所，都能通过其身体在场而相互影响。传统互动仪式的启动强调共同在场，而在短视频打卡这一情境中，"拍摄者的身体一方面与物理空间实现感官相遇，另一方面通过影像在虚拟空间呈现与流转，身体通过'打卡'这一行为进入了穿梭实体空间与虚拟空间的循环"（孙玮，2020）。因此，人们的相互影响不仅体现在共处实体空间的互动，更体现在虚拟空间中的点赞、转发、评论等交互行为。

（二）身份一致

互动仪式通常对局外人设定了界限，因此参与者知道谁在参加，而谁被排除在外。理想状态的互动仪式中，需要明确群体成员的身份一致性，弱化"局外人"效应所引发的传播噪音，从而保证仪式的连贯性。这与网络的社群化、圈层化传播相类似，短视频平台的兴趣推荐会结合精准的用户画像匹配度，实现千人千面的传播，个人兴趣驱动下的自发检索与平台精准的算法推荐都为聚集具有特定共性的群体提供了条件，与之无关者则被平台和算法视为"局外人"。

（三）关注焦点

互动仪式链的形成需要"人们将其注意力集中在共同的对象或活动上，并通过相互传达使彼此知道关注的焦点"（兰德尔·柯林斯，2009：80）。虽然可以将"观看-在场-打卡"均视为互动仪式，但互动性有明显的强弱区别，而标志性的参与行为更容易成为人们的关注焦点。最为典型的就是西安永兴坊美食街于2018年1月推出的"摔碗酒"。米酒5元一碗，消费者喝完后将酒碗高举许愿，然后大喊"碎碎平安"，用力摔碗。这里在过去本非西安传统的知名景点，但随着"摔碗酒"在短视频的传播下迅速火爆而成为网红景点，很多游客甚至排队两小时，只为摔个碗。关注焦点强烈的符号特征和参与属性，有力促进了短视频打卡。个体的短视频打卡记录会演变为其他用户"打卡"行为的参照系，"通过相互援引、参照与效仿的短视频内容，为景点形成了稳定的框架属性。打卡这一实践在周而复始中逐渐成为社交规则，进一步延续了网红景观的生命力"（王昀，徐睿，2021）。

西安永兴坊美食街的"摔碗酒"成为短视频"打卡"网红景观

（四）共享情感

在互动仪式中，当组成要素有效综合，参与者会有团结、热忱、自信、富有道德感和集体感等感受，分享共同的情绪或情感体验。"摔碗酒"之所以盛行，除了行为层面的趣味性之外，还具有文化层面的仪式性，即人们在通过参与"摔碗"的行为共享观念和价值。对"摔碗酒"的来历说法不一，普通游客未必了解其文化含义，但不妨碍通过"摔碗"感受到一种浓厚的"仪式感"，或体味古人的豪迈，或发泄现实的烦忧。短视频打卡虽然是个体自我展演的一种方式，但其行为所引发的点赞、评论、分享、亲身体验和模仿拍摄等互动，将社交平台上海量的个体可见性汇聚为城市可见性，在这场共同言说的展演中引发情感共鸣，共同分享集体行为的群体认同感和城市认同感。"摔碗酒"在短视频中的火爆，无疑彰显了西安大气豪迈、历史文化底蕴深厚的千年古都城市形象。

风景名胜、自然景观是城市的重要物理资源，也是城市形象的重要承载体。但研究表明，这些物理资源本身在许多短视频传播中并非热点，重要的是将其与人的互动行为相结合，解除人们的疏离感，能够吸引用户到线下打卡。互动仪式链是一个关于情境本身的理论，其核心是一个因果关联和反馈循环的过程（朱春阳，2019）。"摔碗酒"这类强互动仪式无疑更为有力地展现了这种建构性和循环性。身体的在场收获了一种强烈的体验，当记录仪式过程的视频在平台上传，引发具有共同关注焦点的人们点赞、转发、评论等一系列行为，又将引发新一轮的身体在场、具身叙事。"摔碗酒"是"西安年·最中国"系列活动之一，其走红给西安的主政者带来了新的思路，西安主动利用短视频平台的社交属性，来挖掘城市的美食、美景、文化、历史等资源，有效地促进城市形象的传播，带动了旅游产业的发展。

与西安的热门打卡项目如喝"摔碗酒"、尝毛笔酥、在汉城湖穿汉服、在西安城墙"统领千军"等相比，上海的标志性景观尚缺乏为用户的身体在场提供互动性较强且可供模仿的"打卡"方式。这也是前述上海题材头部短视频中，自拍方式较少的原因之一。因此，上海应当挖掘并放大本土文化符号，提供适于短视频"打卡"的、具有较强互动性的城市景观项目。在短视频平台上，部分视频创作者凭借高流量和强话题成为"意见领袖"，当中不乏旅行达人、探店达人等专职博主，"意见领袖"所贡献的内容也更容易构成群体的关注焦点，并且成为"打卡"行动所参照的样板。因此，城市宣传部门、文旅部门可以邀请网红达人参与策划，营造有吸引力的、有利于城市形象呈现的"互动仪式"。如上海的乍浦路桥经由网络红人易梦玲多次"打卡"传播后，成为许多网友同款机位"打卡"的网红景观。随着网友亲身"打卡"热门地的形成，宣传、文旅部门应当积极推广，充分发挥其对于城市品牌形象的正面塑造效应。

四、发挥专业和职业生产的带动作用

对平台的调研发现，抖音、快手等社交平台上的短视频虽然以UGC（用户生产）为主，但制作精良的PGC（专业生产）、OGC（职业生产）短视频

"大片"也有着高流量，甚至能够起到带动 UGC 生产的作用。实践表明，不少网友会积极模仿高流量、优质短视频的题材和形式，结合热门挑战、全民任务等方式，通过自发拍摄建构新的网红景点或热点。因此，专业生产、职业生产在以短视频赋能城市形象塑造方面，仍具有较大的潜力。

在专业和职业生产中，最具传播潜力又有益于彰显软实力的类型应为文化、才艺类短视频。列斐伏尔高度评价城市空间中艺术的奇幻（fantasy），认为艺术能带人们走出当下和封闭，走出空间表象，走进自然和象征，走进表征性空间（2022：341）。《2021 抖音美好城市白皮书》调查显示，抖音用户喜欢的城市特质中，文化魅力占比最高，达到 76.6%，其次为交通便利、活动丰富等。在对城市群形象提升的建议中，超过四成用户认为提升整体的文化建设会增加好感度，高于基础设施建设、公共卫生环境、消费水平均衡与宣传渠道多元等选项。这说明，在全面实现小康社会后，民众精神文化需求的空前旺盛。上海根据"十四五"规划，将加快建设成为更加开放包容、更富创新活力、更显人文关怀、更具时代魅力、更有世界影响力的社会主义国际文化大都市。在上海的城市设施类短视频中，美术馆和博物馆是吸引网友关注最多的空间（潘霁等，2020：131）。在上海城市题材短视频的传播上，无论是从城市定位、资源条件还是从用户喜好观察，文化、才艺都是可以凸显的展示亮点。

从对抖音和 Tiktok 平台上海题材头部短视频的分析发现，文化类、才艺类视频较少。事实上，在抖音的文化、才艺类视频中，与城市景观的结合往往能取得更好的效果。例如，中国留学生彭静旋曾定期在法国波尔多街头身穿汉服表演古筝，逐渐在抖音走红。彭静旋的"出圈"经验是：才艺类短视频，形式感和专业性同等重要。她的表演也受到了海外用户的欢迎："中国音乐有灵魂、有情感、有深度。""街道因为她的音乐变得不一样了。"[1] 与城市景观相结合的表演能够使城市增色，也便于被平台推

1.《高手在民间短视频让普通人变成"艺术家"》，光明网，https://m.gmw.cn/2021-05/08/content_34827603.htm。

荐、被用户获取。上海的文艺院团院校资源丰富，受过艺术训练的市民人数众多，此外还有不少街头艺术家。未来结合上海建设国际文化大都市的定位，应鼓励人们进入公共区域，更多地将文化展现、才艺表演与城市景观、城市空间相结合，并通过短视频在社交平台传播，这是在物质空间中注入艺术性、人文感，使城市空间别具一格，助力城市形象塑造的良好方式。

五、鼓励地方原创性音乐的创作生产

研究者认为，与图文社交相比，基于短视频的视觉社交更加注重场景氛围的塑造、娱乐消遣的分享和特定情境的情感表达（吴涛、张志安，2020）。这种感性偏向的营造，音乐往往起到重要作用。《短视频与城市形象研究白皮书》（2018）提出了城市形象视频拍摄的"BEST法则"，即BGM（背景音乐）、Eating（饮食）、Scenery（景色）、Technology（科技）。这四类深入城市生活毛细血管的符号组成了立体的城市形象，让城市符号更有辨识度。音乐赋予了视频内容节奏，强化了情感渲染。抖音平台有专门的音乐热门榜单，这些音乐自带流量，因此使用热门音乐榜单上的音乐可以增加视频的曝光量，提升短视频的传播效果。用户上传视频时，平台能对内容进行智能识别，提供相适配的音乐列表供用户选择，用户也可搜索自己心仪的音乐，因此抖音短视频大多数都配有背景音乐，背景音乐的感染力成为决定短视频传播力大小的重要因素之一。

由于抖音短视频具有很强的地域性色彩，因此一些城市题材的歌曲虽本与短视频内容并无关联，但在抖音平台上两者却能自然融合，并迸发出强大的传播力。例如，抖音平台上关于"西安摔碗酒"的视频，不少以由程渤智演唱的《西安人的歌》为背景音乐，这首歌将西安的鼓楼、钟楼、城墙、火车、泡馍等都写进了歌词，以本地唱腔表达了西安人对家乡的深情眷念，其沧桑豪迈的西北风格与西安的网红景点特质极为适配，有效促进了相关短视频的传播，塑造了西安鲜明的城市形象。赵雷演唱的歌曲《成都》，通过富有地域特色的词曲表达显著增进了人们的情绪认同与共鸣，形成了"因为《成都》，爱上成都"的现象级传播，促进了成都"年轻""文艺"等城市形象特征的表达。2021 年，《漠河舞厅》的走红使得漠河抖音搜索量大增，形成"一首歌大火一座城"的现象。此外，《南京，南京》《长沙策长沙》《彩云之南》《康定情歌》《我在天涯海角等你》等作品无论从歌词内容到音乐旋律都极富地域特色，被用户大量使用于城市题材短视频之中，使得两者相辅相成、互相呼应，增强了彼此的传播热度。

  优秀的地方原创音乐本身亦是塑造城市形象的一种重要工具，是城市的音乐名片。例如，本世纪初由上海歌手孔佳作曲、广告人陶为民作词的《喜欢上海的理由》曾在申城家喻户晓。虽然本是一个啤酒广告的主题歌，却给一代上海人留下了深刻的情感记忆，并将其内化默认为申城的音乐名片。今天在社交媒体时代，当地方原创音乐与城市题材短视频结合，在城市形象塑造上更是迸发出叠加效应。上海本土彩虹合唱团的《魔都魔都》（2017）穿插着上海话的市井对白，通过吐槽、搞笑的方式切入（如爱排队、怕老婆、出门喜欢 AA 制等）表达了对这座城市的热爱，对踏实、敬业、温暖、负责、优雅、可爱、包容等市民特质的自豪感。这首歌曲虽只限于网络传播，但也引起了市民阶层广泛的共鸣，其 MV 被网友戏称为"上海城市形象片的正确打开方式"。但十余年来，总体而言，上海相对缺少在全国传唱度较高的原创音乐。有研究者认为，上海在流行文化领域的滞后现象，正是

《喜欢上海的理由》（2001）广告MV剧照

由于缺乏城市文化个性的认同感（方洁，2020）。对上海题材抖音短视频的内容分析发现，普遍缺乏本土原创音乐的助力。像《夜上海》《上海滩》等带有传统上海元素的经典歌曲，也不太适用于在短视频平台的传播。抖音平台受欢迎的背景音乐普遍节奏简单，副歌部分朗朗上口，对用户能产生即时性的"洗脑"冲击，非常契合短视频的剪辑节奏。

城市形象的媒介传播是一个相辅相成的体系，需要有各种表现元素和形态的共力。因此，从上海题材短视频传播的角度看，应鼓励地方原创音乐的生产，以注入独特的文化意涵和感染因子形成视听互补的强势传播，助力城市影像创新和城市形象塑造。

六、推动长三角城市群的短视频传播

基于上海作为"长三角更高质量一体化发展龙头"的城市定位，在引导民间短视频生产中，还应注重长三角城市群的传播，体现城市群之间的空间关联与经济社会、文化民俗关联。近年来，在国内国际"双循环"的大背景下，人们的行动、消费更为集中于周边区域，更为关注城市群发展趋向对自身生活的影响。根据《2021美好城市指数白皮书》对抖音用户的调查显示，在长三角城市群中，有37.15%认为城市群内部联系紧密度为"非常紧密"，52.61%认为"一般紧密"，在全国各大城市群中仅次于粤港澳大湾区，内部联系紧密程度较高。而在对城市群内部关系的认识上，长三角用户认同彼此为合作共赢关系的比例最高，而且上海的用户去其他城市"打卡"的数量最多。另外，长三角用户对所在城市形象的认可度也很高，仅次于成渝城市群，位列第二位。因此，上海的城市传播规划应更多体现在长三角城市群中的引领作用，在相关活动的策划组织上更多考虑到长三角城市群的文化传播和整体形象塑造，提升城市群的整体竞争软实力。

根据对抖音城市群线上繁荣度的分析，粤港澳大湾区名列第一，长三角和京津冀竞争激烈。在具体提升举措上，可以联合多个城市推出类似"城市群通"的产品,在周末或假期实行交通、旅游方面的优惠政策,鼓励城市群内部的游览观光、短视频"打卡"等活动。另外,还可借鉴欧盟每年举办跨地域艺术节的方法,使参加者需要到不同的城市鉴赏体验。跨城际流动性的增强,有益于线上线下的相互助推,促进城市群的共同繁荣。

七、以短视频国际传播提升城市形象

《短视频与城市形象研究白皮书》(2018)认为,城市需审视自身条件,辨别是否具备进行国际传播的必要性与可行性。适合利用短视频推进国际传播的城市为三类:举办国际会议的城市、"一带一路"的边疆城市和中国传统文化浓厚的城市。上海的最大优势无疑在于其国际化都市的地位。2021年11月8日,上海城市形象资源共享平台IP SHANGHAI(www.ipshanghai.cn)正式上线,同步启动面向全球的上海城市形象资源征集。平台邀请大量摄影师、设计师等入驻,逐步建成聚合征集、共享传播、孵化创新的城市形象内容生态系统,探索人人创作、人人展示、人人分享的国际传播新模式。短视频亦将是其中重要的组成部分。在课题组对外籍人士的访谈中,受访者也提到了对上海题材短视频的需求,主要包括三方面:

(一)上海地域特色美食与人们真实的生活

"如果想吸引我的话,可能会是一些有个人想法的短视频,比如关于上海的一些有幽默感的表达,另外一种就是上海的奇特美食,比如拉面奶茶。"(08/德)

"我喜欢看上海美食探店,特别是那种只有老上海才知道的餐厅。"(19/韩)

"我会想看到上海的人、他们真实的生活。比如上海有些小区要拆迁了,但是居民还没搬出来。"(15/加)

"在短视频上我希望看到人们自然的生活,不是那种有表演色彩的,而是真正的一日三餐、日常生活。其次是上海的新鲜事,最后就是一些小众景点的推荐。"(30/土)

（二）外国人旅游攻略及在上海的生活方式

"我想在短视频中看到来上海旅行所需注意的一些要点，例如需要了解或安装什么软件，这对外籍人士在城市中旅游是非常有帮助的。"（21/ 巴）

"希望看到外国人喜欢上海、融入上海，和中国文化有互动、展示外国人在上海生活方式的短视频，这应该能吸引更多的外国人。"（13/ 爱）

"希望多录一些关于外国人在上海日常生活的小短片，这样可以进一步了解上海。"（31/ 巴西）

（三）各种现代化设施、科技应用及展览等

"上海给人的印象是摩登先进，所以对日常生活中的现代化设施比较感兴趣。"（24/ 马）

"我对于上海的尖端技术、科技展览、会展车展什么的很感兴趣，所以特别希望这些内容能更多地出现在视频当中。"（16/ 日）

有趣的是，有几位外籍人士还提到，喜欢看讲上海话的短视频，"我喜欢看抖音上一个上海话博主，他通过搞笑的方式介绍真正的、贴地气的上海。我认为看这种视频可以破除对上海的一些刻板印象，比如很多人觉得上海人很排外。"（26/ 俄）

"有很多沪语博主我都很喜欢，会在短视频里面学习上海话。"（17/ 日）

要通过短视频吸引海外观众的关注，还应当重视借助外籍"朋友圈"的力量。如前文所述，Tiktok平台上有不少高流量视频是外国博主呈现在上海的生活场景，因其对海外用户的文化接近性而吸引关注。这方面成都、武汉等地的经验值得借鉴。成都获得过"国际传播综合影响力指数先锋城市""国际表达力领军城市"等国家级海外传播奖励，除了重视国际传播渠道和平台建设、以国际思维构建话语体系外，其重要的经验之一是围绕不同国别的受众特点，在短视频生产上"精准施策"，并组织外籍网红来讲述城市故事。如体现日本商务人士形象的《公司派遣成都公干注意手册》，记录韩国女生旅居成都生活的《如何让一个人留在成都》，以及《公园也有黑科技》《国际夫妻建设路美食百元挑战》等，在海外平台上均取得了较好的传播效果。武汉也注重借助"洋网红"进行短视频跨文化传播。如

英国网红小哥"司徒建国"发布的《睡前千万别点开！英国小哥在武汉找到了人间美味》等系列短视频，记录所"打卡"的美景美食，介绍了武汉独有的烟火味道，受到了网友的追捧。2021年4月起，由上海市人民政府新闻办公室与新民晚报社共同策划推出、集结100位"老外"讲述的《百年大党——老外讲故事》在海外主流社交媒体传播，获得的播放量及阅读量超过1亿次；而且在节目制作过程中，还同步成立了一个"老外讲故事"俱乐部，让线上的轻量级产品在线下有了长久而深远的民间情感互动渠道。除了配合重大节点的主题宣传外，还应注重在日常短视频传播中发挥知华友华的国际舆论朋友圈的作用，通过"他者"视角的影像对外塑造富有感召力和吸引力的上海城市形象。

（注：本章由复旦大学新闻学院2021级硕士研究生马心雨、吕文祎协助完成。）

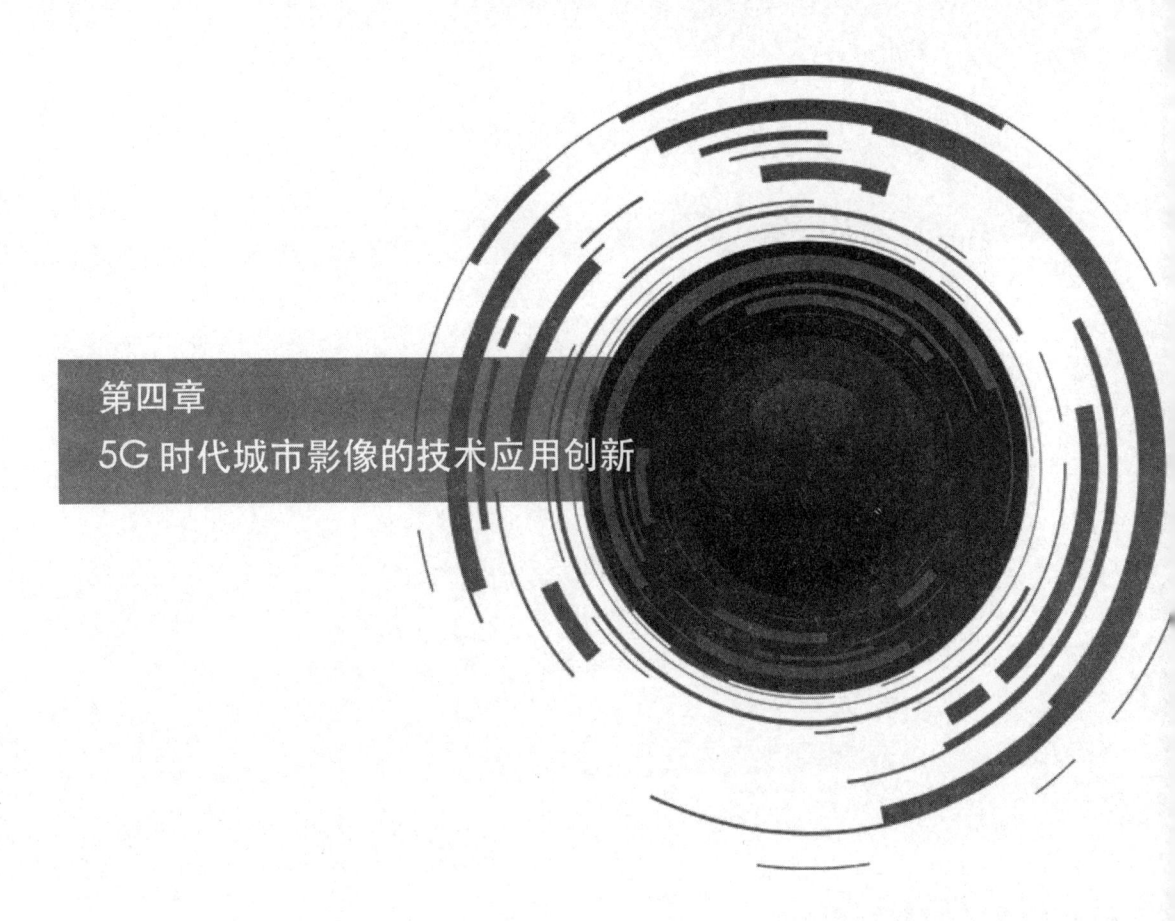

第四章
5G 时代城市影像的技术应用创新

城市影像生产正纳入 8K 超高清、VR/AR、人工智能、互动视频等新形态、新应用，这些"技术义肢"正将人的感知进行终极的延伸，或与身体深度嵌合。在未来的上海城市影像创新中，亟须深化技术和人文的有机融合，探索"魔都"新的打开方式，催生人们全新的城市感知。如何既促使新兴技术赋能城市形象塑造和传播，又不迷失于技术狂欢和表层幻象，使之保持与现实生活的切实关联，给人们带来真情实感的体验，是城市影像生产者未来面临的挑战。

第一节
超高清城市影像

　　技术的发展从来都是传播生态变革的重要驱动力，也持续改变着城市传播的介质、形式、手段和面貌。20 世纪六七十年代以来，影像技术造就的全新社会图景引发学术界的强烈关注。维利里奥指出，"摄影、电影及各种后现代美学的阈下影像机器全都以系统逻辑的最大化与速度功能的运作为基础。这种对于加速的强烈渴望处于技术假体的核心"。今天，5G 网络的普及又将迎来一系列新兴技术及假体的"风口"，"高新视频"的概念应运而生，即"高格式、新概念"的视频。"高格式"是指视频融合了 4K/8K、3D、VR/AR/MR、高帧率、高动态范围、广色域等高新技术格式；"新概念"是指具有新奇的影像语言和视觉体验的创新应用场景，能够引发观众兴趣并促使其产生消费。城市影像生产正纳入 8K 超高清、VR/AR、人工智能、互动视频等新形态、新应用，这些"技术义肢"正将人的感知进行终极的延伸，或与身体深度嵌合。

　　如研究者所指出："城市形象片是'技术义肢'对我们无可避免的'走神'状态的一种回应，用来缝合我们对于城市感知的断裂。人们渴望越来越多的城市影像来填补他们的城市认知，城市影像也正在不断渗透进、内化于大众的城市体验。"（孙玮，2017）技术的竞速对未来上海城市影像创新提出了新的要求。如前文所述，在城市影像的创作中，不能过于追求奇观化呈现而忽视人本化叙事，但并不意味着要排斥奇观影像，正确之道应当是两者的有机融合，共同建构富有感染力的城市图景。因此，在未来的上海城市影像创新中，需研究如何使技术和人文有机融合，探索城市影像新的打开方式，催生人们全新的城市感知。

一、超高清电视：从冷媒介到热媒介

由于5G技术能为大体量视频数据提供更充足的传输与存储条件，因此超高清视频是5G时代最先正式商用的领域之一。通过视频生产和传播的超高清化，满足观众对高端优质视听体验的需求，是下一代视听产业发展的趋势。按照国际标准，显示器的物理分辨率可分为低分辨率（低于0.8K）、常规分辨率（低于2K）、高分辨率（2K）和超高分辨率（4K甚至更高）四个层级。从具体技术指标看（参见表4.1），4K视频的像素点（3840×2160）是2K高清视频（1920×1080）的4倍，8K（7680×4320）又是4K的4倍，基本达到了人眼可辨别的极限，即在大屏上肉眼几乎已感觉不到颗粒感。因为拥有2020色域，在色彩丰富性上均大大超越了2K影像。此外，8K还可拥有22.2多声道音响（包括上中下三层和重低音），效果远超4K的5.1环绕立体声，可实现观众对绚丽影像和震撼音响的极致追求。与普通高清相比，4K/8K超高清视频具有像素明显提升、观看视角更大、音响效果立体、色域范围宽广等特点，使"家庭影院"真正从概念成为现实，甚至能超过影院标准。在麦克卢汉的经典论述中，电视本是一种冷媒介，即清晰度低、信息量小的媒介，而清晰度高的电影则是标准的热媒介。因为"电影图像每秒钟提供的光点比电视的光点多出数百万"，而"电视提供的细部很少、信息度很低，很像漫画。一个电视特写所提供的信息，只相当于电影一个长焦距镜头所提供的信息的一小部分"（麦克卢汉，2019：383、384）。但技术在不断发展，如媒介环境学第三代学者保罗·莱文森所言："我们并不能由此得出结论说，电视或别的什么媒介具有什么永恒不变的形而上的冷热属性。相反，在人的使用和发明的压力下，媒介总是处于演化之中。这就使之随时可能显示'温度'变化"（莱文森，2001：157）。今天，超高清电视在图像和声音两个方面均可达到电影放映的水平，电视已经明显"升温"了。从屏显技术上说，可以将超高清电视视作一种"热媒介"。当前，随着技术的发展和国家产业政策的驱动，正加速电视从冷媒介向热媒介的转换。

表 4.1 2K、4K、8K 视频的主要技术指标比较

类别	分辨率（像素）	帧率（fps）	色深（bit）	色域标准	动态范围	音响配置
2K	1920×1080	30	8	BT.709	SDR	环绕声
4K	3840×2160	60	10	BT.709/2020	HDR	5.1 或全景声
8K	7680×4320	120	12	BT.2020	HDR	5.1/7.1 或全景声

注：SDR 为标准动态范围，HDR 为高动态范围，后者可更好地保持画面中的亮度细节。

我国确立了超高清视频产业发展行动计划，按照"4K 先行、兼顾 8K"的总体技术路线，大力推进超高清视频产业发展和相关领域的应用。2018 年 10 月，中央广播电视总台和广东广播电视台先后开办 4K 频道。2019 年 8 月，中央广播电视总台公布了 5G+4K/8K+AI 应用的战略布局。进入 2020 年，各地 4K 超高清频道接连推出，包括杭州"求索纪录 4K"超高清付费频道、广州南国都市频道、上海"欢笑剧场"频道等。此外，多个省市也正规划推出 4K 频道。北京冬奥会对我国超高清电视的发展有重要推动作用。2021 年有中国 8K 电视元年之称，当年 12 月 31 日，北京广播电视台冬奥纪实 8K 超高清试验频道正式开播，这是全国首个面向广大观众提供 8K 服务的电视频道。2022 年 1 月 24 日，中央广播电视总台 8K 超高清频道开播，并推动频道进网入户和"百城千屏"项目落地。2022 年 6 月，国家广播电视总局发布《关于进一步加快推进高清超高清电视发展的意见》，要求加强超高清电视内容生产，支持有条件的电视台调整开办超高清频道，提出到 2025 年底，省级电视台基本具备超高清电视制播能力。同年 12 月，工业和信息化部等七部门印发《关于加快推进视听电子产业高质量发展的指导意见》提出，实施 4K/8K 超高清入户行动。加快推进 4K/8K 超高清技术成熟落地，鼓励 4K/8K 电视机、投影机、激光电视、高品质音响、虚拟现实终端、裸眼 3D 显示终端等产品入户，提升家庭视听体验。

在 8K 摄制技术方面，美国、日本厂商已上市多种型号的 8K 摄影机和民用相机，支持 8K 影像前后期设备的计算主板、显卡、监视器、存储装置等也已形成完整链条。在超高清电视机市场普及方面，4K 电视已成为我国市场在售机型的主流配置，8K 超高清电视终端销量占电视总销量的比例也在逐步提升。

二、8K 影像：从整体到细部

在城市影像生产领域，4K 已被较为广泛地运用。相比 4K，8K 拥有的宽色域、高动态光照渲染，保证了极高的色彩还原度，使之对环境事物的表现力、对人物表情神态的捕捉可达到细腻入微的程度，传递出日常生活中人眼所易于忽略的信息。因此研究者认为，在强真实感和强体验感的视频技术驱动下，8K 超高清电视的审美体验朝着仪式感、沉浸感、客厅感和审美感方向重塑（胡智锋、雷盛廷，2020）。

在城市传播领域，8K 应用不但能够使城市景观更具视听冲击力和感染力，还为城市影像生产提供了新的深耕方向，即从整体到细部、从宏观到微观，以高分辨率影像纤毫毕现地呈现各种环境和物体的精密细节。日本 NHK 是全世界最早进行 8K 实验性拍摄的媒体机构，在其较早制作的一系列 8K 影片中，既有东京城市夜景、体育比赛等宏大场景，也有展示卢浮宫著名展品的纪实短片。据 NHK 人士介绍，有文物专家在观看卢浮宫短片后表示，在片中甚至发现了一些之前所忽略的细节，可见其画面清晰度之高。传统上作为冷媒介的电视，其"马赛克"图像并不擅长表现细部，但在 8K 影像生产中，超高清分辨率"显微镜"级别的放大效应除了使镜头主体更为清晰外，还可有效关注其背景和各个局部，使画面的信息量更为饱满。当然，在这种放大效应下，创作者也需尽力避免过去容易被观众忽略的瑕疵。

当前，8K 影像产品的创作生产总体仍处于实验性阶段，但正逐渐蓄势，相关大体量作品已陆续推出。北京电视台于 2019 年建立了 8K 技术研究中心,并与日本 NHK 电视台合作摄制了多部 8K 作品。2021 年 1 月,央视完成了全国首部 8K 纪录片《美丽中国说》(5 集)的拍摄,通过野外蹲守、跟踪,获得不同地区大量动物生存、迁徙和生态环境的珍贵画面,旨在以全新技术打造更高品质、完美展现真实场景的视听体验。2022 北京冬奥会开幕式上惊艳观众的 24 节气倒计时,也是使用了标准的 8K 色彩。

三、8K 城市影像创新

(一)8K 全流程制作引领潮流

2019 年 5 月,上海市经信委、市文化和旅游局、上海广播电视台联合印发了《上海市超高清视频产业发展行动计划(2019-2022)》,推动超高清视频电视制播体系整体升级,建成面向全国的超高清视频内容集成分发平台、版权交易平台。在我国,8K 影像生产刚刚起步,制作流程规范尚未成熟,因此亟须创新探索,推动创作生产体系走向完善。

2021 年 11 月,国内首次采用"8K 全流程"技术制作、实现 7680×4320 超高分辨率的电视连续剧《两个人的世界》(原名《两个人的上海》)在东方卫视、百视 TV 播出,通过"新上海人"的奋斗史、成长史,反映城市的发展变迁和民生轨迹,使观众感受到上海的城市温度和"开放、创新、包容"的品格。《两个人的世界》导演崔轶表示,人类对更高清晰度、更丰富绚烂色彩的无限追求是一种本能,8K 影像能真正引领人们进入超感知、超视觉的阶段。上海被视作"魔都",把上海的夜景或者是荧光灯反射下的上海,用 8K 画面来表现是非常棒的感官体验。[1] 由于我国的 8K 拍摄处于初始状态,因此相比部分 8K 技术节点的尝试,该片实现从拍摄、剪辑、制作到合成、渲染、输出的"8K 全流程"是上海影视制作体系的重要创新和升级。此外,上海还推出了世界第一部 8K 全景声电影长片《这里的黎明静悄悄》、中国首部 8K 实景歌剧电影《贺绿汀》,上海市 8K 全景声视

---

1. 崔轶:《8K 影视创作实操指南》,中国电影出版社,2022 年版,181-182 页。

听展示基地是全球第一个能够放映 8K 长片的示范电影厅,这些创新举措引领了 5G 时代超高清影视发展的潮流,从影像技术层面折射了追求卓越的城市精神。

国内首部"8K全流程"制作电视剧《两个人的世界》(原名《两个人的上海》)

(二) 8K/12K 非虚构类影像的探索

上海市文联副主席、国家一级导演滕俊杰提出,以 8K 为代表的超高清影像生产,正呈现出"四个方向"的总体特征,其中之一即为城市景观营造方向。在万物互联时代,城市无处不屏将是必然。现代化城市或生活空间,对于更高清晰度的追求永无止境。[1] 当前,各地已陆续在城市传播中引入 8K 影像。例如,深圳、烟台已经分别发布了 8K 城市形象宣传片《深圳交响曲》《寻梦八角湾》。《深圳交响曲》还聘请了来自美国、新西兰的国际化专业团队打造,由世界知名音乐家和布拉格都市爱乐管弦乐团为宣传片量身配乐,在影城的超高清巨幕点映。面向未来,上海应当在 8K 影视作品的技术基础上继续发展 8K 非虚构类影像,包括城市形象宣传片、纪录片等,持续推动城市影像生产的创新,将上海城市传播的介质手段提升到新的高度。面向上海城市形象塑造,一方面,专业机构可在城市形象宣传片和纪录片中借助 8K 更好地展现场景、表现人物,拍摄出更为色彩绚丽、光感变幻的魔都城市景观,激发人们对于上海的热情与好感;另一方面,还可利用 8K 的高分辨率,精细化拍摄上海博物馆、上海自然博物馆、

---

1. 滕俊杰:"未来已来·引领 8K"演讲,2020 世界超高清视频(4K/8K)产业发展大会,广州,2020 年 11 月 3 日。

中华艺术宫等收藏的珍贵文物、器物、标本、艺术品等，推出系列大屏短视频产品，充分展示其色彩、纹理、质感等精密细节，体现上海丰富的文化资源和深厚的人文底蕴，彰显上海的城市软实力。

对拍摄精度的追求并未止步于 8K，12K 影像作品也已问世。2021 年，中央广播电视总台央视频 5G 新媒体平台推出《12K 微距看国宝》系列短视频，通过分辨率高达 12288×6480 的分辨率拍摄（2K 分辨率只有 1920×1080），能够以不足 10 厘米的拍摄距离，纤毫毕现地以细腻质感展现四川三星堆出土的国宝，为观众放大文物中的历史痕迹，讲述那些细微之处所尘封的故事，受到网友追捧。2023 年 6 月，"触梦三星堆——12K 沉浸式数字全球巡展"首站在深圳启幕。展览以 12K 数字科技为主要手段，实现"文化＋科技＋艺术"深度融合，为观众提供视、听、感多重角度的互动式体验。在技术驱动下，未来城市意象将以更高的清晰度呈现，人们也将从更多的精美呈现和细节关注中认识城市、感受城市。当然，8K、12K 全流程制作会带来资金和周期成本的增加，特别是大体量数据文件在后期渲染、输出上会耗费大量时间，对设备要求也很高，因此适用于制作头部产品，但还难以达到大规模通用的程度。而随着产业技术的发展升级、制作流程和项目运作机制的成熟，效率提升、成本降低是必然的趋势。

第二节
VR 城市影像

一、VR：回归自然传播的"灵境技术"

（一）媒介环境学视角下的 VR 媒介

虚拟现实（Virtual Reality）被认为是继个人电脑、移动电话后，颠覆人类生活方式的新一代计算和通信设备，它使人机关系从平面交互转化为沉浸交互，因而"是数字世界和物理世界融合的进阶，是算力、联结和显示的革命性升级"[1]。这里所指的 VR 并非仅在手机和电脑上划转、用裸眼观看的全景视频，而是需要戴上专业的头显设备（一种有透镜成像功能的显示器）观看的虚拟现实内容产品，用户能够真正获得 360°沉浸式体验。20 世纪 90 年代，钱学森先生将 VR 技术命名为颇具中国文化意味的"灵境技术"，并预言："灵境技术是继计算机技术革命之后的又一项技术革命。它将引发一系列震撼全世界的变革，一定是人类历史中的大事。"[2]

媒介环境学派第三代学者保罗·莱文森在伊尼斯、麦克卢汉等前辈研究的基础上，对古往今来媒介形态演进的规律进行了视角独特、深入浅出的阐述，极大丰富和发展了媒介进化的人性化趋势理论。莱文森指出，随着技术传播媒介的发展，它们倾向于更多地复制真实世界中前技术的或是人性化的传播环境（2017: 5）。所谓"前技术的或是人性化的传播环境"，

---

1. 郭平：《打造 VR/AR 信息高速公路，支撑产业繁荣》，https://www.huawei.com/cn/publications/winwin-magazine/34/guo-ping-VR-ar-2019.
2. 邹佳雯：《30 年前，钱学森为什么将 VR 译为"灵境"》，澎湃新闻，2021-11-30，https://www.thepaper.cn/newsDetail_forward_15621277.

指的是远古部落时代那种去技术化的、反映人性本原的自然传播环境。人类进入电子媒介时代后，媒介正是朝着与现实世界渐趋同步的方向进化。电视和互联网声画并茂，在过去半个多世纪中可谓最为接近现实世界的媒介，但它们仍然存在一定缺陷——均是二维呈现的，丢失了前技术时代面对面传播中的三维立体性。电视还是单向的，缺乏交互性。VR 技术正是在弥补电视和互联网尚未获得的重要元素，因此可视为媒介的进一步进化。

法国电影理论家安德烈·巴赞（1981）曾撰文提出，在电影先驱们的想象中，电影这个概念与完整无缺地再现现实是等同的，就是再现一个声音、色彩和立体感等一应俱全的外在世界的幻境。VR 技术无疑也为"完整电影"梦想的实现提供了条件。在二维时代，人们在接触媒介时总处于"内容之外"，而通过 VR 等沉浸式媒介，人可以置身于"内容之中"，获得三维立体环绕的、可交互选择的独特体验。在 VR 体验中人的所有感官几乎都可投射其中，从而形成一种集成、平衡的感知机制，在现有媒介技术中最大限度地回归了人性本原的传播环境。随着技术的升级，VR 将在传媒娱乐、文化旅游、教育培训、在线社交、远程办公等领域发挥越来越多的作用。VR 因其所具备的技术"魔力"，被业界认为很可能是"人类的最后一块屏幕"。

（二）元宇宙的重要入口

2016 年被称为中国 VR 元年，各大科技巨头、传媒集团纷纷加快内容产品的研发和应用，涉及游戏、综艺、体育、直播、新闻、纪录片、影视剧等诸多门类，但两三年后发展势头减缓。2021 年，随着扎克伯格将公司名称从 Facebook 改名为 Meta，"元宇宙"（Metaverse）概念一度大热，各大科技巨头纷纷加入相关领域的布局和竞争，包括中国的网易、腾讯、阿里巴巴、字节跳动等网络科技巨头，元宇宙经济呼之欲出，一个巨大的新产业正在构筑。在此大背景下，VR 又受到资本新一轮的追捧，因为元宇宙所打造的是一个浸入式（immersive）平台和实体化（embodied）的互联网，是移动互联网的后继形态，更接近于自然传播。在平行虚拟世界中，人们将不只是观看者，而且是亲身经历者。因此 VR 将成为未来元宇宙的重要入口，人们需要借助虚拟现实和增强现实设备才能造访元宇宙空间并在其中进行操作。2021 年 8 月，字节跳动以 90 亿美元收购了 VR 初创公司 Pico，这是中国 VR 行业最大的收购案，被认为点燃了中国元宇宙市场的导火索。

此前 VR 应用难以迅速推广普及有多方面的原因。例如，在清晰度方面，目前通行的 2K 像素对 VR 产品来说是不够的，在封闭体验的三维空间中，要进行 360° 的像素分配，高清像素甚至难以实现二维中标清的效果，所以要达到超高清的 4K/8K 甚至 12K 才会获得较好的体验。但即使 VR 内容达到了超高清分辨率，由于 4G 网络的传输码率有限（10Mbps 左右）、时延较长（大于 10ms），因此用户仍然容易感觉画面粗糙、卡顿，难以实现如身临其境、回归人性本原传播环境的效果。再加上多数 VR 头显仍较为笨重，令体验时易产生晕眩甚至呕吐等不适感，无疑极大限制了 VR 的推广应用。莱文森的媒介进化理论中有一个"净优势"原则（2017：124），即对于新型媒介，不仅要考察其相较于之前或现在的媒介，是否与前技术时代的信息交流方式契合，还要考察其与现实世界其他方面的契合度。媒介要生存发展，在总体上需具有"净优势"，仅仅在概念上先进是不够的。如前文所述，VR 正是因为"净优势"尚不足而遭遇发展的瓶颈。

随着 5G 网络的普及，其强大的带宽速率（100Mbps）、超低的时延（1ms），能有效提升 VR 内容产品的分辨率、流畅度及与人工智能的结合，从而改善使用者的观赏和互动体验。此外，5G 技术将推动云计算、云服务的发展，VR 头显中的运算模块可置于云端，完成渲染等计算量较大的任务。未来以显示模块为主的硬件则更为轻薄，并趋向"无绳化"，无需再用 HDMI 线缆连接，从而有效促进 VR 一体机的增长，在使用的轻质化、便利性上明显改进，在提升用户体验舒适度的同时也能推动设备价格的降低。例如，华为开发的 VR Glass 厚度为 26.6 毫米，重量仅为 166 克，未来有望更加轻便。中国电子信息产业发展研究院发布《虚拟现实产业发展白皮书（2023

年)》显示,在全球电子消费下行的背景下,虚拟现实设备出货量和投融资势头放缓,但近眼显示技术和多模态融合感知技术的成熟将助力终端轻薄化、成像高质量发展及交互体验升级。任何新技术的应用都要经历一个较长的起伏变化过程,中间通常会有低潮和徘徊期,VR和元宇宙也不例外,但其发展趋向已得到广泛的认同。

二、VR 城市形象宣传片的兴起

尽管技术的进步能改善体验感,但当观者沉浸在移动的虚拟场景里,现实中身体却基本处于静态,这种感官上的冲突容易导致眩晕感,因此 VR 作品的时间不宜太长,加之难以蒙太奇叙事,制作成本较高,并不适合生产情节较为复杂的内容。因此在非虚构性城市影像中,比起纪录片来,VR 技术更适用于短小的城市形象宣传片。

对城市景观进行全景展现的探索,可追溯到本雅明曾专注分析的全景图,360°绘画的全景图在 18 世纪后期开始在欧洲流行,画在一个大圆筒的内侧,观众需要从位于圆筒中心的平台上观看。全景图被视作一种取代传统绘画的娱乐产业新形式,这种没有边框的 360 度绘画凝缩了经典视觉模式的崩溃,真实与表象、原生与人工、内部和外部之间的界限都在其中模糊,观众被技术创造的人工整体所淹没。本雅明认为:"全景图的兴趣在于看到真实的城市——室内的城市。在没有窗户的房子里看到的东西是真的。"[1] 今天,VR 呈现了全新技术时代的城市"全景图",它不必有物理性的布展并让人们前来观看,用户能戴上 VR 头显在足不出户的室内实现虚拟在场,体验"真实的城市"。

在技术狂欢之中,VR 技术很快渗入城市影像的创作生产之中,特别是各地官方的 VR 城市旅游宣传片近年陆续出炉。这些 VR 作品有两种类型,一是全景式的概览,如《"零距离杭州"》《Hello 成都》《老盛京新沈

---

1. 康在镐:《本雅明论媒介》,孙一洲译,中国传媒大学出版社,2019 年版,第 177 页。

阳》《天下英雄城南昌》等；还有一类是聚焦某一具体景区，如东莞的《VR松山湖》、洛阳的《俯瞰老君山》以及《魅力五台魅力山西》等。2016年8月，上海市旅游局推出了第一部使用"VR+4K"技术拍摄的旅游形象宣传片《我们的上海》，取景80多处，观众可在360°的环绕空间中观赏上海的经典地标、新兴景点及商业文旅项目。上海旅游形象大使——胡歌以城市向导的身份带领游客游览申城，让观众感受虚拟在场的独特体验。在VR城市影像中，由于失去了景别和蒙太奇，用户实际上被邀请参与对城市空间的探索，获得被包裹其中的沉浸式感受。

旅游形象宣传片《我们的上海》（2016）的VR版本平面图

三、VR城市影像创新路径

研究者认为，再现与拟仿，是影像与城市关系的两种模式。依赖先进的影像技术，城市形象片所呈现的已经不能等同于传统意义上对现实的"再现"，它突破了"现实—再现"模式，缔造了"拟仿"模式——以现实的指涉替代现实本身（孙玮，2014）。VR城市影像可视为"拟仿"这一模式的进阶，未来将有以下创新发展路径。

（一）全感知

麦克卢汉曾针对电视提出了"通感媒介"的概念，认为电视有别于其他媒介，它使人们的一切感官都相互影响，从而摆脱被动和超脱的态度，产生"一种通感或者深刻的、触觉的电视经验"（麦克卢汉，2019：412）。这是基于人们在观看电视时终结了视觉和听觉的二元分割，使整个感官系统协同作用而言的。而 VR 技术的发展，可以真正在感官体验的多样性、平衡性、互动性上给人们带来"通感"即全感知的体验。人们用 VR 接受信息内容时，将不再仅限于视觉和听觉，而是向全感知扩散。日本、新加坡的科研机构已经开发出头显外接传感装置，通过电子刺激可使 VR 用户在虚拟空间中感受到嗅觉、味觉及更丰富触觉的技术。这意味着，未来人们在"享用"VR 美食节目时，能够感受到菜香的味道。在 VR 文化节目中，可以戴着触感手套"抚摸"文物的纹理。

2021世界人工智能大会上的"气味上海"应用展示（作者：王旭）

在我国，类似通感传播的技术也在创新发展之中。例如，在 2021 世界人工智能大会上，在数字气味领域深耕多年的气味王国携手腾讯优图实验室、腾讯云 AI，带来的最新黑科技试验产品——"气味上海"。体验者戴上数字气味播放器，通过 OCR（光学字符识别）技术，只需在手写板上写下上海的一些地理名称，就不但能看到这些场景的视频画面，而且会闻到数字气味播放器释出的与这些场景相对应的典型气味，如人民广场的白玉兰、静安寺的香火味、七宝镇的海棠糕等。未来，可探索将"VR+ 全感知"技术应用于上海城市影像生产之中，超越当前仍限于视觉和听觉的VR影像，不但给体验者带来独特的增强型沉浸感受，而且可以凸显迈向全球科创中心的城市形象。

（二）微场景

由于频繁的剪辑容易使观众在封闭观看中产生不适之感，且观众对环绕空间的观察需要时间等原因，VR作品中"作为影视叙事基本手段的蒙太奇被边缘化，景别的概念很大程度地消失了，人们看到的更多是一个个长镜头的使用，是一幅幅事物和环境全貌的空间展现"（唐俊，2021），时间性叙事由此转变为空间性叙事。正因为如此，传统上依靠快速剪辑、不断转换视点的宣传片制作方式并不适用于VR形象宣传片。

因此，VR形象宣传片的长处并不在于对城市的图像综述，而更适合聚焦于具体、细微的特色场景，让观众细细体验。例如，在上文所述VR城市形象宣传片中，由杭州市旅游委员会以"零距离杭州"为主题推出的六支旅游VR宣传片影响较大。该系列借助虚拟技术呈现人文杭州、世界文化遗产以及茶文化、丝绸、美食、乡村旅游等六个主题的城市美景，让游客虚拟在场，体验杭州旅游的魅力。其中，前两个主题为综合版，其余四个均为专门版，以发挥VR所长，让用户更为细致地体验具体的场景。韩国首尔的VR宣传片《Seoul 360》，也并未进行影像综述，而是对首尔植物公园进行360°全景拍摄，介绍了多种植物文化，突出首尔"绿色与人文"相结合的特征，借助VR影像的沉浸性优势，让观众感受城市与自然的互动。上海的VR城市宣传片可探索这类微场景、专门化的创作，如外滩的观景平台、上海中心的高层景观、新天地或田子坊的石库门街区、野生动物园的特色展区等，让用户在虚拟空间中细腻体验上海的城市魅力。

（三）强交互

人们对互动娱乐有着日益旺盛的需求，具有交互属性的新兴形态影像是全球范围研发的重要领域。美国科学家Burdea G和法国科学家Philippe Coiffet提出，沉浸（Immersion）、交互（Interactivity）和想象（Imagination），是VR的基本特征，简称3I。[1] 然而，实拍类的VR

---

1. 3I特征由Burdea G和Philippe Coiffet在1993年世界电子年会上发表的论文"Virtual Reality Systems and Applications"中提出。

全景视频只有 3DOF[1]，设备只能检测到头部转动带来的视野角度变化，用户实际能做的仍局限于视点选择、位置调整之类的浅层交互行为，并未真正实现交互化。随着技术的进步，由计算机三维建模的动画类 VR 影像产品也逐步增多，和实拍类不同的是，基于游戏引擎的动画类 VR 作品可拥有 6DOF，即除了三个转动角度外再加上下、前后、左右等三个位置相关的自由度。这样观众就能够通过手势或手柄做出点击、触发等交互行为，通过人机互动获得高度仿真的反馈，具有类似游戏的特征。例如我国第一部参加国际影展的 VR 影像作品《行走敦煌》（赵琦导演，2018），利用激光扫描手段建构了敦煌莫高窟 285 号洞窟，并用游戏引擎驱动，体验者可戴上头显，手持手柄遥控，模拟实地参观互动，包括捡起豆油灯照亮洞窟、通过交互指令使壁画上的飞天腾空而起、走进古代僧人禅修的房间等虚拟体验。交互作为 VR 的基本特征之一，也是虚拟现实技术重要的发展趋势，VR 城市影像亦将从弱交互向强交互演进，使用户在虚拟遥控中与城市景观对话，更立体化地感受城市魅力。

　　如前文所述原因，VR 尚未能得到大规模商用，因此 VR 城市影像作品总体仍处于实验状态，传播力和影响力尚有限。但从长远观察，VR 能够通过媒介化手段给人们带来身临其境、高参与度的感受，加之技术的完善、政策的鼓励，为其获取市场"净优势"进而走向普及提供了动力。长三角地区拥有较为完整的 VR/AR 产业链，且优势企业主要集中在上海，更为 VR 上海城市影像的创新提供了良好的环境和条件。

---

1. DOF，全称为 degree of freedom，自由度。3DOF 即有 3 个转动角度的自由度。

第三节
智能化城市影像

一、影像来源：从自动化到智能化

媒介环境学理论认为，一切媒介都是人体的延伸，而"人体"不仅是外在的感官（视觉、听觉等）和肢体（手脚等），也包括内在的神经和思维系统。电力技术下的媒介发展由此令人浮想联翩。麦克卢汉在20世纪60年代即指出："我们已经延伸了中枢神经系统，使之转换成了电磁技术。把意识迁移到电脑世界，就只有一步之遥了。"[1] 影像摄录从只能依赖人工操作到机器自动化、智能化生产的加入，可视为麦克卢汉"媒介即人体的延伸"观点的新注脚，这种延伸颠覆了传统模式，其变革性意义日益彰显。

早在20世纪80年代，德国导演米歇尔·克里尔就利用安装在德国城市公共场所的监控摄像头所拍摄的素材，制作出了时长82分钟的纪录片《巨人》（Der Riese）。这些监控摄像头来自公路、车站、机场、广场、银行、购物街等地，配以意味深沉的交响乐，建构出了一个熟悉而又陌生的城市影像文本。该片凭借独特的视角和制作方式获得了多个大奖。在我国，利用自动化影像进行创作的案例也有出现。例如，2019年8月，当代艺术家徐冰推出的一部没有摄影师和演员的电影《蜻蜓之眼》，其影像素材全部来自公共渠道的监控视频，一共下载了11000多个小时的资料，从中构建出真实的生活故事。徐冰认为，无处不在的监控系统是一种真正的散点透

---

1. 埃里克·麦克卢汉、弗兰克·秦格龙编：《麦克卢汉精粹》，何道宽译，南京大学出版社，2000年版，第337页。

电影《蜻蜓之眼》的影像素材全部来自公共监控视频

视，改变了人类的历史观和视角。[1]

过去，以监控视频为素材制作影片的方式虽令人新奇，技术上却比较烦琐，且监控视频像素不高，影响了影片的品质。而在 5G 时代，可普遍接入云端、无处不在的监控摄像头可以提供海量的高清晰度影像。而且人工智能技术能够增强视频监控的自动处理素材能力，包括人像比对、车牌识别、感知预警、轨迹追踪、智能检索等。新冠疫情带火了网络慢直播。2020 年 1 月底央视频推出的《与疫情赛跑》慢直播以多个云摄像头的全程监控，向观众展现了武汉市火神山、雷神山方舱医院的高效建设过程。为保证高分辨率、高清码率节目流的传输，制作方和中国电信架设了"5G+光纤"双千兆网络及三级云架构。此后人民日报推出全国首个 AI 移动慢直播，无人直播车引领观众"边走边看"，欣赏东湖樱花园的风景。在当今的技术条件下，回顾维利里奥对《巨人》的评价更觉深刻："这种对站在摄像机后面的人们的郑重告别，这种视觉主观性在周边技术效果中的完全消失，这种时刻存在的泛电影方式，不知不觉地让我们的平常行为成为电影行为，城市视觉的新型设备。"（维利里奥：2014：95）

1.《复旦传播论坛聚焦城市传播实践》，《青年报》，2018 年 12 月 3 日，第 8 版。

二、5G 时代上海城市影像的智能化生产

5G 网络每平方公里的连接终端可达到上百万，是 4G 时代的 10 倍以上，因此被认为开启了万物互联、万物皆媒的时代。5G 的这种广连接特性，理论上可使各种传感设备遍布城市的各个角落。其中与影像生产关联最为紧密的是：推动监控摄像头高清化、云端化、智能化，从而可以通过全新的方式为城市影像的生产提供海量的素材。同时，5G 的大带宽、高速率、低延时特性将有力驱动深度学习、自主学习，助力智能化影像生产和传播。

（一）智能采集

作为国际大都市和中国第一大城市，上海拥有极为丰富、斑斓多姿的城市图景，而传统的专业化、精英化影像记录方式仍然是有限的。在"全程媒体"时代，上海城市影像的生产可探索更多融入智能化、泛在化的成分。例如，目前上海广播电视台融媒体中心的看看新闻 APP 中，就有多个窗口的"上海这一刻"慢直播，通过高清监控探头提供来自陆家嘴、外滩观光平台、魔都眼（面朝黄浦江、俯瞰陆家嘴的机位）等地标全天候的实时影像。在平安城市建设的驱动下，通过大数据中心可串联起上万个分散的摄像头。随着 5G 网络条件下监控视频的智能化和泛在化，可进行深度和多元开发，融入到城市形象宣传片、纪录片、短视频、新闻报道甚至影视作品的创作中，助力城市影像生产的创新，用全新理念和手段塑造城市形象。

（二）智能制作

在影像生产领域，智能制作正逐步涵盖智能标签、智能剪辑、智能导播、人脸识别、语音合成、语音转文字、自动检测技审等诸环节，全面赋能融媒体生产。例如，在上海国际马拉松赛等大型体育活动中，转播制作团队已通过 AI 剪辑高效提供短视频集锦产品。未来，随着深度学习、机器学习的进步，AI 将能在观摩同类型节目的基础上，执行更为烦琐复杂的视频制作，可使视频产量实现几何式增长，效率大为提高，人力获得解放。

城市影像创作者将从烦琐的一般性事务中解放出来，更多地投入创意性、策划性等含金量高的工作，从而促进内容生产效率和质量水准的综合性提高。在制作品质要求较高的纪录片领域，智能技术在配音解说、画面修复、海报设计甚至词曲创作及演唱等方面均已有所尝试，有的技术已臻成熟。如《上海解放特辑》大量使用了彩色历史影像资料，这些由中苏联合摄制组拍摄于1949年至1950年的珍贵彩色影像，真实再现了解放大上海的战斗及新上海欣欣向荣的面貌。为了保持画面叙事的协调和统一，制作方对部分黑白资料素材使用了AI智能化上色技术，使老旧的影像"焕发新颜"，有效升级视听语言。

2024新春，OpenAI发布的首个文生视频模型Sora震惊全球，这一智能模型可以根据文本指令生成高清流畅的视频，在物理层面高度还原现实世界，在视觉上则能达到以假乱真的效果。虽然Sora生成的还只是一分钟的短视频，且具有一系列的缺陷，如无法同步生成音频，难以实现人物角色之间的复杂交互，出现了一些透视、比例和互动方面的错误等，但有望在未来的深度学习和持续进化中得到改善。Sora通过扩大视频生成模型的规模，能够构建出模拟物理世界的通用模拟器，这预示着AIGC（通用型人工智能）即将来临，将对从影视剧到纪录片，从形象宣传片到短视频的各类影像制作带来深远影响。在Sora首批发布的文生视频中，即有模拟东京、巴黎等地的城市影像，体现出未来在城市影像生产方面的巨大潜力和可能。这为鲍德里亚的"拟像"论提供了全新的注脚，仿真时代正"通向一个参照元素的实体越来越少的世界"（2000：32）。Sora生成的拟像极为逼真，是标准的通过模型生产的"超真实"，从而使取代现实成为可能，真实和虚幻的界限更趋模糊。

在"现实不存在了"的惶恐中，对于非虚构影像生产的影响，目前业界基本的共识是：未来一方面，可以通过AIGC技术更高效、逼真地还原或模拟客观场景，且动画制作成本比过去大为降低，这对缺乏影像保留的题材无疑更具赋能价值；而另一方面，在深伪盛行、真假难辨的影像世界中，或将面临技术拟像侵蚀真实性的全新考验。技术的竞速使非虚构影像创作者更需谨慎维系好工具理性和价值理性的平衡，尽力维系和确保影像与现实的索引性关联，为观众守护非虚构的底线。尽管计算机视觉技术取得了突破性的进展，但尚难以掌握视频图像在文本语境中的隐喻意义，因此对人力的替代仍是有限的，人机深度协作将成为主流。

Sora生成的城市影像：在日本东京街头漫步的女郎（左），白雪覆盖的东京街景

（三）智能分发

智能化城市影像体系还包括智能化分发和推送，除了现行根据用户画像进行推荐外，更具技术创新性的是借助对移动设备的地理定位，将物理实体空间与网络虚拟空间连接起来，为用户营造"混合空间"的体验感。如美国出品的交互影像作品《北纬34°西经118°》（34 *North 118 West*, 2001）是较早展示此类概念的作品。该片"允许人们带着平板电脑、GPS和耳机行走在洛杉矶的街道上，根据参加者的位置，讲述洛杉矶早期工业时代的故事，电脑屏幕上也会对应出现历史插图"（王家东，2019）。未来"实体空间+位置信息+智能分发"的传播方式，将使许多城市影像不再局限于"过去""线上"，而是与"当下""线下"相混合，使用户有更浸入的体验感。在移动智能定位技术已经非常成熟的今天，这种与实体空间相结合、属于深层混合交互的城市影像将予人丰富的想象空间。例如，在上海的各个地标景观、历史建筑、革命遗迹等，可尝试将相关城市影像与个人的地理位置相适配，让用户可以便利获取相关联的影像片段，丰富人们作为游客和观众的双重体验。

《北纬34° 西经118°》（*34 North 118 West*, 2001）营造"混合空间"的城市体验感

据《上海市人工智能产业发展"十四五"规划》，未来上海旨在加快建设更具国际影响力的人工智能"上海高地"，打造世界级产业集群，其中包括打造智能文娱创新业态。人工智能正从运算智能、感知智能向认知智能发展，可以预见，传媒文娱领域的智能应用将进一步深化、普及，城市影像的智能化生产程度和水平也将逐步提升。

三、人工智能驱动下的虚拟数字人

未来，智能化影像的另一重要来源是虚拟数字人（Metahuman）。虚拟数字人可包括虚拟偶像、虚拟主播、虚拟员工等多种类别，既可智能驱动，也可由背后的真人（被称"中之人"）驱动，是未来元宇宙空间的重要行动者，为用户提供各类产品和服务。其中，虚拟偶像更是高质量融合技术创新与艺术创作的载体，是虚拟数字人中的明星，深受年轻人群的青睐。如果将虚拟偶像视作一种媒介，它同样是"人的延伸"的产物。如研究者所指出，虚拟偶像在互联网人工智能时代所承载的是以关系为逻辑的新型算法，是一种自带关系的新型传播媒介，是人类强关系的延伸（喻国明、杨名宜，2020）。随着计算机图形学、人工智能、动作捕捉、语音合成、类脑科学、生物科技等技术的不断升级，用户感受到的虚拟数字人将更为仿真细腻，更具仿真性和互动感。

尽管当前虚拟数字人的产业运营仍存在不少困难，但我国虚拟数字人从技术、产业到应用的产业链本土化已基本完成，虚拟偶像、虚拟主播等迅速发展，与产业的结合也日趋紧密，出现了柳夜熙、洛天依、梅涩甜等一批各具特色和专攻的头部虚拟偶像，视频化传播是其体现市场价值和影响力的主要方式。例如，抖音平台2021年推出的虚拟美妆达人柳夜熙的第一条视频获赞量高达360多万，涨粉丝数上百万，现拥有795万粉丝。当前，各大平台、媒体均在虚拟数字人领域进行布局。在中国最大的数字主播平台哔哩哔哩（B站），已有超过3万名虚拟主播开播，且投稿量持续增长，是直播领域增长最快的品类。这些虚拟人物不但可以全天候播报资讯、传递知识，还可以网红带货、玩脱口秀，甚至参加大型音乐会（如《创世之音》全虚拟演唱会）。主流媒体方面，央视网小C、新华社小诤、人民日报果果、湖南广电小漾等虚拟数字人纷纷推出。在第三届上海进博会上，上海广播电视台（SMG）推出的二次元虚拟主播申䒕雅也引发了社会关注，成为报道形态的亮点之一。这是运用实时光学式动作捕捉和增强现实跟踪技术，并通过5G加持所打造而成。除了二次元虚拟人外，通过AI合成技术产生的类似真人的虚拟数字人也已出现，人脸特征提取、唇语识别、情感迁移等技术的进化，使这类合成数字人在外形上几乎与真人无异，且可以永远在线、永不休息，如新华社推出的AI合成男女主持人。

虽然通过算法驱动虚拟人仍然成本较高，但随着技术的发展、市场的扩容将呈逐渐下降趋势。在品牌代言方面，各大企业也纷纷推出虚拟形象代言人。虚拟代言人可使品牌人格化、具象化，且成本较低、安全可靠、可控性强，特别是可规避因名人明星代言人出现丑闻、人设坍塌所可能出现的企业形象危机。

四、虚拟数字人与城市影像创新

(一) 升级迭代与"人设化"打造

虚拟数字人以 ACG（Animation, Comic, Game）二次元人群为主要传播对象，大量年轻用户爱上了这种会动的"纸片人"。研究者认为，"二次元"虚拟主播作为一种亚文化现象，为青年群体提供了一种"躲避式"抵抗，成为他们与现实世界压力的缓和剂（郭建宁，2020）。随着 Z 世代群体逐渐成长为社会中坚力量，他们所喜爱的"二次元"不再意味着"非主流"和"亚文化"，而是成为重要的社会文化形态之一，都市则是各类行动者线上线下集聚的中心场域。因此，未来虚拟数字人将更趋深入地介入城市形象传播。

在智能化水平不断增强的技术条件下，超写实数字人将继续升级迭代，即处于不断"成长"的过程中，多才多艺、多功能化，通过影像的呈现予人以常变常新的感受。无论是对于"二次元"还是对于仿真人虚拟形象，都可进行地域性的"人设化"打造。如申芯雅被人设为一名土生土长的上海小囡，爱好广泛，可萌可飒，也是一枚小吃货，最爱奶茶、烤肉、糍饭团，具有鲜明的上海城市特质。据研发方上海东方传媒技术有限公司（SMT）人士介绍，除了上述官方给予的人设外，在与粉丝的互动中，粉

拥有"上海小囡"人设和"成长"轨迹的虚拟主播申芯雅

丝们还发掘出她具有"憨"的性格特点，并以此进行文本再生产。问世几年后，申芣雅的形象已从当初的小女孩"成长"为都市女白领形象。这说明，虚拟偶像并非一次性生成而固化，其功能和"性情"在技术驱动和与粉丝的互动中均有继续延展变化的空间。"虚拟偶像的视觉面向，既体现为对身体与性别的物质属性的消解，却又以持续不断的生产性重建着身体作为消费对象的无限可能性，形成了独特的视觉机制。"（陈晓云、王之若，2021）

（二）虚拟代言人赋能城市文旅和形象塑造

和商品、企业一样，城市同样需要品牌代言和推广。城市举办大型国际性活动，通常会推出吉祥物形象，如北京奥运会的"福娃"、上海世博会的"海宝"、上海进博会的"进宝"等，这说明拟人化形象在活动宣推、城市传播上所具有的独特功能。与过去的卡通形象不同，运用5G、云计算、大数据、人工智能等技术打造的虚拟偶像可拥有识别、交互和生成的能力，在城市传播中的效能更具想象空间。近年，多地的文旅部门已尝试引入虚拟数字代言人推介文旅资源、塑造当地形象。如"青岛小嫚"、广西"刘三姐"、"山西女儿"晋依依等。在上海，虚拟数字人与城市形象的关系也日趋紧密。2019年12月，虚拟偶像"哈酱"成为上海市首位虚拟"道路交通宣传大使"。"哈酱"兼具虚拟歌手和电竞主播身份，拥有多圈层的影响力。2022年7月，国家对外文化贸易基地（上海）宣布携手集之互动旗下数字虚拟人"之"担任其"文旅推广大使"，面向年轻受众群体，以前沿的数字形式推动传统文化、城市风貌的传播与推广。虚拟偶像虽然是超现实的，但在城市传播中通常与现实场景紧密结合，以直播、视频录制、全息投影或增强现实等"泛影像"方式，多维度展现地域文化魅力，推介文旅文创产品，因而正成为城市影像创新的重要组成部分。

《中国虚拟数字人影响力指数报告》（2022）指出，虚拟数字人将以新媒介角色，广泛应用在元宇宙新生态中，担任着信息制造、传递的责任，是元宇宙中"人"与"人"、"人"与事物或事物与事物之间产生联系或发生孪生关系的新介质。[1] 上海作为建设全球科创中心的国际大都市，正在全国率先布局元宇宙等前沿领域，包括推进深化感知交互的新型终端研制和系统化的虚拟内容建设等。上海在相关政策、平台、技术、应用等方面具有一定的优势条件，未来可在虚拟数字人领域推进升级迭代，迈向高仿真、强智能化，更紧密地与城市具体场景相结合，创制生成出全新形态的城市影像，并结合重大活动和议题进行宣传营销，推介上海文化旅游资源，展现智慧城市建设的成果，彰显开放、创新、包容的城市品格。

新兴技术所带来的影响及对其的评价总是具有两面性。一方面，媒介技术的演进为物质化意识形态下的空间符号、景观社会、拟像世界推波助澜，从列斐伏尔、德波到鲍德里亚等学者对此多有批判，集中于因其脱离、简化与扭曲现实而导致的虚幻。德波认为，现代社会生活中巨大的景观的积聚使"直接经历过的一切都已经离我们而去，进入了一种表现"（2017: 3）。"影像之流可以带走它面前的一切，而其他人也以同样的方式在任意摆布这一被简化的感性世界。"（2007: 16）列斐伏尔指出，图像和符号的世界起到了一种致幻的作用，回避或掩盖了各种问题，把注意力从"现实"即可能性上移开（2022: 573）；而另一方面，对媒介技术的发展也存在乐观的看法。如麦克卢汉对计算机的诞生赋予终极的意义，认为它用技术给人类展示了圣灵降临的希望，这是世界意识大同的前景[2]。莱文森的媒介进化论认为，新兴媒介技术的发展始终沿着人性化趋势进行，不断弥补先前对真实世界的延伸所丢失的元素，服务于人类的福祉。

现代大都市必然是景观、拟像和图像符号高度汇聚的场所，也必然要身处川流不息的扩大再生产之中。但和所有精神文化产品一样，人们从新兴城市影像中寻求的并不是炫目的技术应用，而是对于城市特质更为丰富细腻的人性化体验。只有基于人性化的体验，人们才能通过影像与城市建

---

1. 中国传媒大学、头号偶像（北京）数字科技：《中国虚拟数字人影响力指数报告》，2022年1月。

2. 菲利普·马尔尚：《麦克卢汉：媒介及信史》，何道宽译，中国人民大学出版社，2003年版，第183页。

立起内在联系，对技术建构的城市形象产生具有温度的感受，并对城市的软实力获得真切的体会和认同。因此，如何既促使新兴技术赋能城市形象塑造和传播，又不迷失于技术狂欢和表层幻象，使之保持与现实生活的切实关联，给人们带来真情实感的体验，是城市影像生产者未来面临的挑战。

结语

影像是当今城市传播的主流符号载体，对城市形象的构建、城市软实力的展示起到重要作用。本书旨在从非虚构城市影像类型——城市形象宣传片、城市题材纪录片和社交网络短视频入手，研究其对于塑造上海城市形象、提升城市软实力的功能和价值，探讨其生产和传播的创新路径。其中，城市影像的全球叙事和对外传播为研究的重点。为此，研究团队一方面对来自全球各国的 30 多位在沪外籍人士进行了深度访谈，了解他们对于上海城市影像的观感和建议；另一方面运用了内容分析、文本分析等方法，对有代表性的视频文本进行了定性和定量相结合的研究。在"人民城市"重要理念的指导下，对未来上海城市影像的创新提出理论思考与策略建议。

城市形象宣传片属于官方话语，具有城市"影像名片"的功能。研究表明，近十年来，各地官方包括上海发布的城市形象宣传片总体质量有所提升，较好地展现了城市形象，但同时也存在一系列的共性问题，包括：地标景观比重偏大、"城市性"体现不充分，偏重于空间特性和经济特性的呈现；美学形态较为单一，过多追求宏大唯美，注重强调建筑景观的鸟瞰层面，而非日常生活的视平层面，且人物有被"道具化"的倾向；集中聚焦当下时态、缺乏城市历史呈现，倚重共时性而忽略历时性等。综合不少受访人士的看法，城市形象宣传片的灵魂应是城市的人文内涵，城市精神和城市品格亦包含其中，而"人"是主要承载者和体现者，不能重"物"不重"人"。因此，城市形象宣传片不应有过多华丽建筑的展演，而应该更为注重城市人文层面的发掘，更多体现人们的日常生活和公共交往图景。

为此，本研究对未来上海城市形象宣传片创作提出了下述建议：调整以展现硬实力为主的传播偏向，多通过展示软实力塑造城市形象，如治理能力、市民素质、人才吸引力等不应忽略；在空间呈现方面，从聚焦建筑物质空间到更为注重对城市空间精神性、社会性的展现，加强生活化呈现与个人体验元素，凸显市民的主体性地位和对城市空间的参与，将个人体验与城市景观进行丰富对接；改变对航拍鸟瞰视角的过于依赖，融入具有个性特征的"行走者"角色，增加视平层面的小尺度画面呈现，强化人本化叙事，体现城市的温度；增添历时态叙述及跨时空互动，反映城市的厚重积淀和发展轨迹，使城市形象在穿越时空中活态呈现；拓展对各类城市公共空间的再现，描绘引领潮流的未来之城、诗意栖居之地；丰富城市形象宣传片创意和类型，改变单一的广告大片形态，尝试如纪实类、快闪类、动画类等形态。此外，面向国际传播的城市形象宣传片应优化多模态元素的呈现，注重标识度、节奏感、文字、音乐等方面的协调处理，讲求内容策划和播映平台对于目标观众的适配性，以契合海外观众的接受习惯和心理。总体而言，在城市形象宣传片的创新中，应把握好硬件和软件、宏观和微观、整体和个体、历史和现实的平衡，更为重视软实力的展现，对于市民生活状态、情感的表达，体现出更为全面的城市性。

纪录片是一种精英话语生产，叙事也更为完整复杂，为城市形象注入了更多人文层面的意涵。上海的纪实影像生产与西方国家基本同步，历史底蕴深厚。纪录片中的上海城市形象从魔幻城市、英雄城市到市井城市，随时代发展曾几度变迁。海派纪录片肇始便有着鲜明的城市特色和外宣诉求。近年来，媒体生态环境的变化，造成了一系列不容忽视的问题：新世纪后海派纪录片在呈现多元化上海城市形象的同时，也存在着力点、聚焦点不清晰的问题；电视媒体"造血机能"明显下降，挤压了创作生产的题材空间；海派纪录片的文脉传承存在不足，在内容跨地域发散的同时，上海本土题材优秀作品较缺乏；在模式类型、美学风格上较为传统，难以适应网络生态等。

从提升城市软实力的目标而言，海派纪录片应将目光更多地投向本土，加强本土元素挖掘和"在地性"表达，生产上海城市纪录片精品，展现新时代"人民城市"的全新形象；需创新生产与传播模式，尝试真人秀纪录片、众筹纪录片、互动纪录片等新形态，加强融合传播，适应全新媒介生态需求；探索"纪实+文旅"，深化与文旅产业的结合，共同赋能城市形象塑造；优化纪录片联盟机制，协同长三角创作力量，体现引领城市群作用等。在海派纪录片的全球叙事和国际传播策略方面，需深入发掘海外观众感兴趣的题材类型，借助"他者"视角加强文化转译，通过提供"两面信息"优化效果，以"轻传播"适应媒体生态变革，增强可信度、劝服力和感染力，呈现真实、立体、全面的城市形象。此外还需提升在海外头部网络平台的可见性，在全球化背景下注重分众化、区域化的传播宣推等。

社交短视频是典型的民间话语、草根话语，在城市形象建构中后来居上，具有前两者难以比拟的全民性和普遍性。本研究通过对抖音平台和Tiktok平台点赞量前200位上海题材短视频的内容分析，分别阐述了不同题材内容、人物形象、空间类型、篇幅时长、拍摄方式、发布账号、使用语言及背景音乐的短视频的传播效果状况，并有针对性地提出了改进建议：对于抖音平台的城市形象塑造，理想状态是摆脱"吃喝玩乐"的局限，更多元地反映年轻人群的生活工作状态，体现"海纳百川"的城市形象；增加老年人群的可见度和自我呈现，体现深度老龄化城市的人文关怀形象；在创作上提升专业性，更注重内容品质和叙事技巧。在Tiktok平台上面向海外观众，应当减少"高大上"的实力展现，增强生活化、才艺和环保题材，避免因文化隔阂所引起的误解，从多维度更全面展现城市形象。

由于城市形象宣传片本系政府组织创作，本研究对纪录片、社交短视频方面政府宣传部门的扶持和管理创新进行了必要阐述。纪录片方面，需充分认识其强公益、弱产业属性，加强扶持力度，特别是要鼓励"在地性"表达，催生更多上海城市题材纪录片精品；注重对扶持项目传播实效的评估，建立多元指标的评估体系，对创作机构起到激励和监督的作用；防止唯体量唯规模，兼顾系列大片和单片、微纪录片等"小而美"作品；发挥文旅广电管理一体化的优势，促进纪录片生产与文旅产业的结合等。在国际传播方面，对作品审核和评估需充分考虑到海外观众的意识形态、文化背景和接受心理，防止"外宣作品内宣化"的无效传播；淡化官方发布背景，鼓励民营制作机构和国际纪录片同行的合拍参与，以多元化的话语表述方式争取国际受众。

社交短视频方面，针对民间短视频传播的随机性、分散性较强、城市特色不显著等问题，需要有针对性地围绕城市形象塑造的目标制定传播策略，包括联合头部平台举办大型节展、鼓励话题挑战、发起全民任务等推广活动；加强政务账号类短视频创作生产，注重亲民化、情感化和新闻性、技能性传播；通过强化"互动仪式"塑造网红景点，挖掘并放大本土文化符号，吸引更多网民参与短视频具身实践；发挥专业和职业生产的带动作用，特别是在文化、才艺等类型方面；鼓励地方原创性音乐的创作，增强上海题材短视频的传播效力；以跨城际活动推动长三角城市群的短视频传播，以吸引外籍人士参与的短视频国际传播提升城市形象等。通过这些策略措施，使官方、专业和民间话语体系互为补充，共同赋能城市软实力的展示。

在未来的城市影像创新中，在重视"内容为王"的同时，不能忽视传播形式上的技术演进及其创造出来的新形态、新感知。从超高清、虚拟现实到人工智能、虚拟数字人等，这些新技术应用所形成的新形态、新感知，将在城市影像和观者的传播关系中产生极强的驱动力和扩散力。宣传管理部门对于城市影像中的新技术应用应当给予支持和鼓励，推动新技术赋能城市形象塑造。同时，也应避免片面追求高科技而导致的人文缺失。

弘扬城市精神品格、提升城市软实力是一项关乎长远的复杂系统工程。必须把方方面面的资源和要素调动起来、把活力和创造力激发出来，形成系统谋划、整体推进、久久为功、全面提升的强大合力。城市影像的生产传播也是如此，在"全员媒体"已经来临的时代，政府管理部门应进行更具前瞻性的规划引导和有针对性的项目扶持，建强新时代城市影像表述体系。可考虑制订"新时代上海城市影像创作工程"计划，通过资金扶持、项目评优、作品展播、推介引流等方式，鼓励包括内容生产机构、独立导演／制作人、网络原创作者在内的全体参与、全员传播，鼓励本地、国内创作力量与全球知名媒体平台和优秀专业团队开展国际化合拍合作，推出能够反映新时代上海城市风貌、塑造良好城市形象、彰显城市软实力的创新精品，争取更多地进入国外主流媒体和平台。应将城市影像传播与"中华文化走出去"项目、"魅力上海"等城市形象海外推广活动等更紧密地结合，广泛利用各类平台和渠道，提升城市的国际形象和对外传播能力，共同赋能上海城市软实力的全面提升。

参考文献（均按发表时间逆序排列）

期刊论文

［01］罗业云,刘婉宁.上海非遗纪录片的地方性知识建构[J].中国电视,2023(8)53-59.

［02］徐剑,钱烨夫.构筑数字时代的上海全球时代形象识别[J].上海文化,2023(6)5-11+20.

［03］韩瑞霞.城市国际形象全球公众评价差异的媒介影响机制——以"上海文化"为例[J].新闻大学,2023(3):90-103.

［04］张云伟,张亚军,崔园园,吕岚琪.未来五年上海提升城市软实力的思路和对策[J].科学发展,2022(4):21-29.

［05］徐锦江.全球背景下的"人民城市"发展理念与上海实践[J].上海文化,2021(12):5-14+36.

［06］邓元兵,范又文.政务短视频对城市形象的建构与传播——以"上海发布"等政务抖音号为例[J].中国编辑,2021(11):62-66.

［07］唐俊.论网络生态下城市纪录片的"重题材、轻传播"探索——基于《奇妙之城》的个案分析[J].中国电视,2021(11):24-28.

［08］郑敏."镜像"理论视域下城市形象宣传片的意义建构[J].传媒,2021(10下):79-81.

［09］费雯俪,童兵."海派时尚文化"的媒介镜像:上海城市形象对外传播的优化策略[J].现代传播,2021(9):28-33.

［10］陈晓云,王之若.虚拟偶像:数字时代的明星生产与文化实践[J].当代电影,2021(09):20-25.

［11］姬德强.平台化突围:我国国际媒体提升传播效能的路径选择[J].中国出版,2021(16):8-11.

[12] 胡键.城市软实力的构成要素、指标体系编制及其意义[J].探索与争鸣,2021(07):46-48.

[13] 李涛.他者视野中的上海：从安东尼奥尼、伊文思到牛山纯一[J].上海文化,2021(06):91-97+126.

[14] 唐俊.对VR纪录片"互动叙事"的冷思考——基于互动叙事学和媒介伦理视角[J].中国电视,2021(06):89-93.

[15] 任静.如何利用新媒体做好城市形象传播[J].上海广播电视研究,2021(04):97-103.

[16] 陈挚,辛念.抖音"网红城市"传播策略及传播特征研究——以重庆、西安城市形象传播与旅游推广为例[J].江苏商论,2021(03):54-58.

[17] 李文甫.离身、具身：城市影像的时空架构与身体演绎[J].编辑之友,2021(04):75-80.

[18] 张志安,李辉.平台社会语境下中国网络国际传播的战略和路径[J].青年探索,2021(04):15-27.

[19] 余洋洋,巫达.全球化与在地化[J].广西民族大学学报(哲学社会科学版),2021(04):17-23.

[20] 王昀,徐睿.打卡景点的网红化生成：基于短视频环境下用户日常实践之分析[J].中国青年研究,2021(02):105-112.

[21] 吴涛,张志安.5G影响下的传媒变革和主流媒体的机遇[J].传媒,2020(20):31-33.

[22] 喻国明,杨名宜.虚拟偶像：一种自带关系属性的新型传播媒介[J].新闻与写作,2020(10):68-73.

[23] 孙玮.我拍故我在 我们打卡故城市在——短视频：赛博城市的大众影像实践[J].国际新闻界,2020,42(06):6-22.

[24] 方洁.重提"海派文化"：上海城市形象的对外传播[J].南方传媒研究,2020(05):105-111.

[25] 胡智锋,雷盛廷.技术驱动下的审美、媒介、接受——对8K超高清电

视的观察与思考[J].编辑之友,2020(04):53-59.

[26] 章雄.纪录片中的上海城市形象研究——基于六部上海题材纪录片的考察[J].电视研究,2020(04):82-85.

[27] 彭兰.视频化生存:移动时代日常生活的媒介化[J].中国编辑,2020(04):34-40+53.

[28] 李涛.影像上海:变革中的城市文明[J].上海艺术评论,2020(04):67-69.

[29] 吴晓林.城市性与市域社会治理现代化[J].天津社会科学,2020(03):75-82.

[30] 唐俊,黄彩良.论红色主题微纪录片生产和传播的模式创新——以《见证初心和使命的"十一书"》为例[J].中国电视,2020(03):58-61.

[31] 王冬冬.基于城市文化特征的海派纪录片及物性叙事分析[J].同济大学学报(社会科学版),2020,31(02):48-55.

[32] 朱春阳,曾培伦.圈层下的"新网红经济":演化路径、价值逻辑与运行风险[J].编辑之友,2019(12):5-10.

[33] 王家东.交互纪录片的类型与发展现状[J].中国电视,2019(09):75-81.

[34] 彼得·卡尔索普,温锋华.新城市主义在中国的实践与未来[J].北京规划建设,2019(9):191-196.

[35] 喻国明,赵睿.媒体可供性视角下"四全媒体"产业格局与增长空间[J].学术界,2019(07):37-44.

[36] 李忠.奇观化和平民化:城市形象宣传片的创作路径探究[J].中国电视,2019(05):67-71.

[37] 殷雪涛.城市宣传片对城市形象的塑造力研究——以五部上海形象宣传片为例[J].新媒体研究,2019,5(22):119-121.

[38] 杨淑婷.城市形象国际传播中典型元素的选取——以上海城市形象宣传片为例[J].新媒体研究,2019,5(19):111-112.

[39] 谭宇菲,刘红梅.个人视角下短视频拼图式传播对城市形象的构建[J].当代传播,2019(01):96-99.

[40] 牛光夏,牛鹏程,李东锴.媒介融合语境下纪录片类型与风格的拓展[J].当代电视,2019(01):55-58.

[41] 蒋欣,叶阳.城市形象宣传片对外传播策略思考[J].青年记者,2018(20):27-28.

[42] 李忠,田崇雪.城市性:中国城市形象宣传片的盲点[J].中国电视,2018(11):81-84.

[43] 刘娜,常宁.影像再现与意义建构:城市空间的影视想象[J].现代传播(中国传媒大学学报),2018,40(08):98-104.

[44] 王茜.上海为什么被称为"魔都"[J].法人,2018(07):86-89.

[45] 赖明明,王颖.我国城市宣传片发展新方向探究——基于深、沪城市宣传片比较研究的视域[J].教育传媒研究,2018(02):59-64.

[46] 黄新炎.纪录:让我们与自己相遇——微纪录片《上海100》简评[J].当代电视,2018(01):47-48.

[47] 侯迎忠,闫瑾.城市形象宣传片的视听语言分析——基于北上广城市形象宣传片的对比分析[J].东南传播,2017(11):93-97.

[48] 孙玮,钟怡.移动网络时代的城市形象片——以上海为例[J].对外传播,2017(08):41-44.

[49] 潘忠党,刘于思.以何为"新"?"新媒体"话语中的权力陷阱与研究者的理论自省——潘忠党教授访谈录[J].新闻与传播评论,2017(01):2-19.

[50] 王若镁,任洁.论城市形象与城市旅游的关系[J].旅游研究,2017,9(01):15-18.

[51] 章焜华,黄新炎.上海电视纪录片30年纵横谈[J].电影评介,2016(15):1-6.

[52] 谢珺.都市影像的奇观化建构——以媒介建构下的上海影像为例[J].东南传播,2016(5)83-85.

[53] 丁爱侠.城市软实力评价指标体系的构建[J].学理论,2015(29):36-37.

[54] 孙玮.镜中上海:传播方式与城市[J].苏州大学学报(哲学社会科学版),2014,35(04):163-170.

[55] 孙莉.新公共管理视野中的当代中国纪录片管理[J].现代传播(中国传媒大学学报),2014,36(03):102-105.

[56] 王冬冬.论上海城市形象片的去奇观化叙事[J].新闻大学,2014(01):70-75.

[57] 刘明秀.形象片《上海：灵感之城》多模态隐喻解读[J].科技资讯,2013(33):210-211.

[58] 李晓明.参与美学：当代生态美学的重要审美观[J].山东社会科学,2013(05):44-48.

[59] 张景岳.电影记录近代上海历史——1927年《上海纪事》评析.载上海市档案馆编：《上海档案史料研究》（第十二辑）[M].上海三联书店,2012.

[60] 高春花.列斐伏尔城市空间理论的哲学建构及其意义[J].理论视野,2011(08):29-32.

[61] 陶建杰.中国城市软实力评价及实证研究[J].同济大学学报：社会科学版,2010(4):7.

[62] 黄东英.论大众传播媒介对政府形象的塑造[J].中共云南省委党校学报,2010,11(03):157-160.

[63] 孟建,孙少晶.中国城市软实力评估体系的构建与运用——基于中国大陆50个城市的实证研究[J].对外传播,2010(03):38-39.

[64] 陈映.城市形象的媒体建构——概念分析与理论框架[J].新闻界,2009(05):103-104+118.

[65] 王慧.新城市主义的理念与实践、理想与现实[J].国外城市规划,2002(03):35-38.

[66] 张学荣,亓名杰.论城市形象建设[J].城市问题,1996(02):6-8.

[67] 张鸿雁.城市建设的"CI方略"[J].城市问题,1995(03):2-6.

[68] 王沪宁.作为国家实力的文化：软权力[J].复旦学报（社科版）,1993(3):91-96.

学位论文

[01] 柴若楠.城市形象宣传片中上海城市形象的建构与传播研究——以上海进博会为例[D].上海：华东师范大学,2023.

[02] 张萌阳.媒介变迁视角下北上广深城市形象片的内容演变研究[D].广州：华南理工大学,2020.

[03] 麻熙玉.自媒体时代VLOG中的城市影像特征[D].杭州：杭州师范大学,2020.

[04] 郭健宁.网络虚拟主播的亚文化风格研究[D].湘潭：湘潭大学,2020.

[05] 陈梓逸.宣传片《杭州》与《看见不一样的上海》的城市形象建构比较研究[D].南昌：江西财经大学,2019.

论著

[01] 崔轶.8K影视创作实操指南[M].北京：中国电影出版社,2022.

[02] 李涛.源流与嬗变：上海纪录片百年史述[M].上海：上海书店出版社,2021.

[03] 刘琛.改革开放以来中国形象的国际传播：从多元文化主义到软实力理论的中国反思与实践[M].北京：北京大学出版社,2020.

[04] 潘霁,周海晏,徐笛,李薇.跳动空间：抖音城市的生成与传播[M].上海：复旦大学出版社,2020.

[05] 郭骥.近代上海的海派文化[M].上海：上海人民出版社,2020.

[06] 李月.刘易斯·芒福德的城市史观[M].上海：上海三联书店,2019.

[07] 陈圣来.国家文化软实力的新视野研究[M].上海：上海社会科学院出版社,2018.

[08] 徐剑.城市形象的媒体识别：中国城市形象发展40年[M].上海：上海交通大学出版社,2018.

[09] 苏永华.城市形象传播理论与实践[M].杭州：浙江大学出版社,2013.

[10] 李怀亮,任锦鸾,刘志强.城市传媒形象与营销策略[M].北京：中国传媒大学出版社,2009.

[11] 申丹,王丽亚.西方叙事学：经典与后经典[M].北京：北京大学出版社,2010.

[12] 刘景崎.纪录与人生[M].上海：上海人民出版社,2009.

[13] 李鹏.新公共管理及应用[M].北京：社会科学文献出版社,2004.

[14] 吕新雨.纪录中国：当代中国新纪录运动[M].上海：生活·读书·新知三联书店,2003.

[15] 方方.中国纪录片发展史[M].北京：中国戏剧出版社,2003.

译著

[01] 亨利·列斐伏尔.空间的生产[M].刘怀玉等,译.商务印书馆,2022.

[02] 比尔·尼科尔斯.纪录片导论（第三版）[M].王迟,译.中国国际广播出版社,2020.

[03] 马歇尔·麦克卢汉.理解媒介：论人的延伸[M].何道宽,译.译林出版社,2019.

[04] 林文刚.媒介环境学：思想沿革与多维视野[M].何道宽,译.中国大百科全书出版社,2019.

[05] 约翰·阿米蒂奇.维利里奥论媒介[M].刘子旭,译.中国传媒大学出版社,2019.

[06] 康在镐.本雅明论媒介[M].孙一洲,译.中国传媒大学出版社,2019.

[07] 沃尔特·李普曼.舆论[M].常江、肖寒,译.北京大学出版社,2018.

[08] 居伊·德波.景观社会[M].张新木,译.南京大学出版社,2017.

[09] 凯文·林奇.城市意象[M].方益萍、何晓军,译.华夏出版社,2017.

[10] 保罗·莱文森.人类历程回放：媒介进化论[M].邬建中,译.西南师范大学出版社,2017.

[11] 安吉拉·克拉克. 全球传播与跨国公共空间 [M]. 金然, 译. 浙江大学出版社, 2015.

[12] 保罗·维利里奥. 视觉机器 [M]. 张新木、魏舒, 译. 南京大学出版社, 2014.

[13] 扬·盖尔. 人性化的城市 [M]. 欧阳文、徐哲文, 译. 中国建筑工业出版社, 2010.

[14] 兰德尔·柯林斯. 互动仪式链 [M]. 林聚任、王鹏、宋丽君, 译. 商务印书馆, 2009.

[15] 居伊·德波. 景观社会评论 [M]. 梁虹, 译. 广西师范大学出版社, 2007.

[16] 刘易斯·芒福德. 城市发展史: 起源、演变和前景 [M]. 宋俊岭、倪文彦, 译. 中国建筑工业出版社, 2005.

[17] 尼尔·波兹曼. 娱乐至死 [M]. 章艳, 译. 广西师范大学出版社, 2004.

[18] 迈克·克朗. 文化地理学 [M]. 杨淑华、宋慧敏, 译. 南京大学出版社, 2003.

[19] 保罗·莱文森. 数字麦克卢汉: 信息化新纪元指南 [M]. 何道宽, 译. 社会科学出版社, 2001.

[20] 埃里克·麦克卢汉, 弗兰克·秦格龙编. 麦克卢汉精粹 [M]. 何道宽, 译. 南京大学出版社, 2000.

[21] 让·鲍德里亚. 完美的罪行 [M]. 王为民, 译. 商务印书馆, 2000.

[22] 罗兰·罗伯森. 全球化: 社会理论和全球文化 [M]. 梁光严, 译. 上海人民出版社出版, 2000.

[23] 沃纳·赛佛林、小詹姆斯·坦卡德. 传播理论: 起源、方法与应用 [M]. 郭镇之, 译. 2000.

[24] 埃里克·巴尔诺. 世界纪录电影史 [M]. 张德魁、冷铁铮, 译. 1992.

[25] 安德烈·巴赞. 巴赞的电影美学论文(三篇)"完整电影"的神话 [M]. 崔君衍, 译. 世界电影, 1981.

英文文献

[01] Nash K. Virtually real: exploring VR documentary[J]. *Studies in*

documentary film, 2018, 12(2): 97-100.

[02] Paul Levinson. *New New Media(2nd ed)*[M].Hoboken:Pearson,2014.

[03] Benjamin W. *The work of art in the age of its technological reproducibility, and other writings on media*[M]. Harvard University Press, 2008.

[04] Kuo-ChingWang, Shu-Hui Chou, et al., More information, stronger effectiveness? Different group package tour advertising components on web page[J].*Journal of Business Research* ,2007,60(4):382-387.

[05] Simon Hudson. Promoting Destinations via Film Tourism: An Empirical Identification of Supporting Marketing Initiatives[J]. *Journal of Travel Research*，2006，44(4):387-396.

[06] Lev Manovich. *The Language of New Media*[M]. MA: MIT Press, 2001.

[07] Virilio Paul. *The Vision Machine*[M].trans. Julie Rose. London: British Film Institute,1994.

[08] Jean Baudrillard.*Simulacra and Simulation*[M].Sheila Glaser trans.Ann Arbor:University of Michigan Press,1994.

[09] Roland Robertson. *Globalization: Social Theory and Global Culture*[M].London: Sage Publications,1992.

[10] Bill Nichols. *Representing Reality*[M]. Indiana University Press, 1991.

研究报告：

[01] 巨量算数.2023美好城市指数白皮书[R].2023.

[02] 巨量算数.2022美好城市指数白皮书[R].2022.

[03] 中国电子信息产业发展研究院.虚拟现实产业发展白皮书（2023年）[R].2022.

[04] 抖音.2021抖音数据报告[R].2022.

[05] 中国传媒大学媒体融合与传播国家重点实验室媒体大数据中心,头号偶像（北京）数字科技有限公司.中国虚拟数字人影响力指数报告[R].2022.

[06] 国家广播电视总局发展研究中心,中国纪录片网编著.纪录片发展报告（2021）[R].中国广播影视出版社,2021.

[07] 倪鹏飞,徐海东.中国城市竞争力报告No.19：超大、特大城市：健康基准与理想标杆[R].中国社会科学出版,2021.

[08] 巨量算数.2021美好城市指数白皮书[R].2021.

[09] 中国电子信息产业发展研究院.虚拟现实产业发展白皮书[R].2021.

[10] 何苏六.中国纪录片发展报告（2020～2021）[R].社会科学文献出版社,2021.

[11] 中国电子信息产业发展研究院.超高清视频产业发展白皮书（2021年）[R].2021.

[12] 张同道,胡智锋.中国纪录片发展研究报告[R].中国广播影视出版社,2021.4.

[13] 抖音.2020抖音数据报告[R].2021.

[14] 人民日报海外网数据研究中心.中国城市形象宣传片海外传播影响力指数报告[R].2020.

[15] 抖音,头条指数,清华大学城市品牌研究室.短视频与城市形象研究白皮书[R].2018.

后记

本书是上海社科规划专项课题的主要研究成果，并获复旦大学新闻学院学术专著出版资助，得以付梓发行。整个过程从课题启动到最终成书，历时三年。

就上海城市影像创新与对外形象传播这一题目而言，本书做得还很不够。由于研究方向、客观条件等原因，本书的内容仍聚焦于非虚构影像范畴，主要涉及形象宣传片、纪录片和社交短视频三类。事实上，上海题材的电影、电视剧在影像化大众传播、城市形象塑造方面亦起到重要作用，包括新兴的微电影、微短剧等形态都值得研究。因此，期望未来能够打通虚构与非虚构影像，产生更为全面、系统、深入的研究成果。

在课题研究和成果出版过程中，上海对外经贸大学会展与传播学院副教授雷霖女士在纪录片部分给予了大力协助。多位我指导的研究生也参与其中，协助进行资料收集、深度访谈、数据分析、绘图制表以及部分初稿的撰写、校对等。他们是复旦大学新闻学院 2020 级硕士研究生甘龙星、娄语希、姜若涵，2021 级马心雨、吕文祎、黄雅萍、周雨旸、吴纯佳等。特别是马心雨和吕文祎两位同学在毕业参加工作后，还抽空协助完成了一些数据更新、图文调整的工作,殊为不易。此外,上海纽约大学的刘天宇同学也以科研实习的方式参与了部分工作。在此向上述老师和同学们的贡献表示由衷的谢意。

  付梓之际,特别感谢我尊敬的老师——复旦大学新闻学院学术委员会主任、教授黄瑚先生为本书作序。感谢文汇出版社社长周伯军先生、责任编辑邱奕霖女士对本书的认可和支持,以及在编辑出版工作中所付出的辛劳。尽管做出了很多努力,由于本人水平能力所限,加之视频化时代城市影像产品不断涌现、流动不居,难以完全掌握,本书一定还有不少缺点和不足,恳请读者理解并提出宝贵意见。

  我的邮箱:tangjunfd@fudan.edu.cn。

唐俊

2024年8月暑期于上海

图书在版编目（CIP）数据

软实力视角下上海城市影像创新与对外形象传播 / 唐俊著. -- 上海：文汇出版社, 2024. 10. -- ISBN 978-7-5496-4301-1

Ⅰ. F299.275.1

中国国家版本馆CIP数据核字第2024CP5884号

软实力视角下
上海城市影像创新与对外形象传播

作　　者 / 唐　俊
责任编辑 / 邱奕霖
装帧设计 / 张　晋

出 版 人 / 周伯军

出版发行 / 文汇出版社
　　　　　上海市威海路755号　（邮政编码 200041）
经　　销 / 全国新华书店
印刷装订 / 上海新文印刷厂有限公司
版　　次 / 2024年10月第1版
印　　次 / 2024年10月第1次印刷
开　　本 / 720×1000　1/16
字　　数 / 180千
印　　张 / 12.75

ISBN 978-7-5496-4301-1

定　　价 / 62.00元